Armin Göllner

Das Angelbuch für Anfänger

3., überarbeitete Auflage
47 Farbfotos
113 Zeichnungen

Ulmer

Inhaltsverzeichnis

Vorwort 4

Die Gewässer – Lebensraum der Fische 6
Die stehenden Gewässer 6
Die fließenden Gewässer 11

Der Fischfang mit der Angel 17
Die Entwicklung des Angelfischfangs 17
Grundangeln 20
Die Technik des Grundangelns 21
  Das Gerät des Grundanglers 21
  Gerätezusammenstellung 52
  Die Wurftechnik beim Grundangeln 56
Die Taktik des Grundangelns 64
  Angeltaktische Grundfragen 64
  Angeln auf Plötze 74
  Angeln auf Blei 77
  Mit Schwimmköder auf Döbel 81
  Angeln auf Schleie 83
  Angeln auf Karpfen 86
  Angeln auf Aal und Quappe 88
  Mit Köderfisch auf Hecht und Barsch 92
  Eisangeln 97

Spinnangeln 101
Die Technik des Spinnangelns 102
  Das Gerät des Spinnanglers 102
  Gerätezusammenstellung 112
  Die Wurftechnik beim Spinnangeln 114
Die Taktik des Spinnangelns 118
  Spinnangeln auf Hecht 118
  Spinnangeln auf Barsch 124
  Spinnangeln auf Rapfen 128

Flugangeln 131

Kleine Fischkunde 149

Auf einen Blick: Heimische Fische und ihr Fang 155

1 Bachforelle (*Salmo trutta fario*) 156
2 Regenbogenforelle (*Oncorhynchus mykiss*) 157
3 Äsche (*Thymallus thymallus*) 158
4 Hecht (*Esox lucius*) 159
5 Hasel (*Leuciscus leuciscus*) 160
6 Döbel (*Leuciscus cephalus*) 161
7 Aland (*Leuciscus idus*) 162
8 Plötze (*Rutilus rutilus*) 163
9 Graskarpfen (*Ctenopharyngodon idella*) 164
10 Rotfeder (*Scardinius erythrophthalmus*) 165
11 Rapfen (*Aspius aspius*) 166
12 Ukelei (*Alburnus alburnus*) 167
13 Blei (*Abramis brama*) 168
14 Güster(*Blicca bjoerkna*) 169
15 Schleie (*Tinca tinca*) 170
16 Barbe (*Barbus barbus*) 171
17 Karausche (*Carassius carassius*) 172
18 Giebel (*Carassius auratus gibelio*) 173
19 Karpfen (*Cyprinus carpio*) 174
20 Wels (*Silurus glanis*) 175
21 Aal (*Anguilla anguilla*) 176
22 Quappe (*Lota lota*) 177
23 Barsch (*Perca fluviatilis*) 178
24 Zander (*Sander lucioperca*) 179
25 Hornhecht (*Belone belone*) 180
26 Makrele (*Scomber scombrus*) 181
27 Dorsch (*Gadus morrhua*) 182
28 Flunder (*Platichthys flesus*) 183

Fangbuch 184
Längen- und
Gewichtstabelle 186
Sachregister 187
Literatur 192
Bildquellen 192
Impressum 192

Vorwort

Zur 3. Auflage

„Das Angelbuch für Anfänger" hat bereits mit seinen bisherigen Auflagen Tausende von Lesern für eine Passion begeistert, die aktiver Naturschutz ist: Den Fischgang mit der Angel. Wenn „Das Angelbuch für Anfänger" inzwischen in fünf Fremdsprachen erschienen ist, spricht das für die große Akzeptanz des Themas und für dieses kleine Buch. Mit der jetzt vorgelegten dritten Auflage wurden Aktualisierungen und illustratorische Weiterentwicklungen vorgenommen; im Übrigen wurde aber der didaktische Aufbau beibehalten. Möge „Das Angelbuch für Anfänger" weiterhin dazu beitragen, den Blick für die Natur zu schärfen.

Rheinau, im Sommer 2010   Armin Göllner

Aus dem Vorwort zur 1. Auflage

Angler sind noch immer dankbare Zielscheibe der Karikatur. Gelangweilt und stupide sitzen diese Tagediebe irgendwo regenwurmbadend in der Natur herum und schlagen die Zeit tot. Sie wissen nichts mit sich anzufangen – so scheint es.

Der Schein trügt. Angeln ist mehr als Fischefangen, mehr als Beutemachen. Angeln begeistert viele Millionen Menschen auf der ganzen Welt täglich neu. Natürlich bleiben viele, die sich mit dem Angeln befassen möchten, auf der Strecke, da der Funke nicht überspringt. Das ist normal und trifft auch für andere Betätigungen wie Tennis oder Golf zu.

Trotzdem ist eines beim Angeln gegenüber Tennis oder Golf anders. Angeln ist kein Sport, wenn es auch vielfach diesem zugeordnet wird. Wer angelt, beschäftigt sich mit Lebewesen, mit der Natur in ihren vielfältigen Erschei-

nungsformen. Und diese Beschäftigung erfordert Respekt vor der Kreatur und ihrem Lebensraum; sie kann nicht dem sportlichen Prinzip „schneller, höher, weiter" folgen. Wenn der Fischfang mit der Angel hier und da als „Sportangeln" bezeichnet wird, so taugt dieser Begriff bestenfalls zur Abgrenzung zum gewerblichen Fischfang. Sport ist die Angelfischerei also keinesfalls!

Das vorliegende Buch will vielerlei Fragen, die sich mit dem Angeln verbinden, klären helfen, in erster Linie soll es jedoch dem Anfänger hilfreiche Anleitung sein, in den Binnengewässern sein Glück mit Rute, Schnur und Haken zu versuchen. Die ersten Schritte am Fischwasser durchlebt der Angler gewöhnlich mit der Grundangel. Deshalb wird das Grundangeln als Basismethode umfangreicher behandelt als das Spinnangeln, während zum Flugangeln nur ein Überblick vorgesehen ist.

Die nachfolgende Behandlung technischer und taktischer Fragen des Angelns muss sich also auf das Grundsätzliche beschränken. Ziel dieses ersten Leitfadens kann und soll es deshalb nur sein, in die Materie einzuführen.

Sollte bei Ihnen, lieber Leser, das anglerische Eis gebrochen und aus Ihnen zumindest ein Sympathisant des „nassen Weidwerks" geworden sein, stehen Ihnen ganze Bibliotheken an weiterführender Literatur zur anglerischen Wissensvertiefung zur Verfügung. Bis dahin kann es allerdings Zeit brauchen, vielleicht sogar sehr viel Zeit. Hetzen Sie sich nicht auf dem Weg, ein Angler zu werden. Gut Ding braucht Weile, das gilt auch für den Fischfang mit der Angel.

Sie brauchen in jeder Hinsicht Geduld, um ein Angler zu werden. Und gerade das ist das Aufregende an dieser Passion.

Rheinau, im Sommer 2001   Armin Göllner

Die Gewässer – Lebensraum der Fische

- 70,8 % der Erdoberfläche nehmen die Weltmeere, nur 29,2 % die Kontinente ein.
- Der Weltwasservorrat beträgt etwa 1,37 Milliarden km^3; davon entfallen 97,9 % auf die Meere, 2 % auf Gletschereis an den Polregionen, 0,035 % auf die Binnengewässer und das Grundwasser des Festlandes, der verbleibende winzige Rest schwebt als Wasserdampf in der Atmosphäre.
- 2,224 % der 356961 km^2 betragenden Gesamtfläche Deutschlands – das sind 7940 km^2 – entfallen auf die Oberflächengewässer.

Die stehenden Gewässer

Die Binnengewässer lassen sich nach verschiedenen Kriterien ordnen, doch zeigt sich immer wieder, dass die Einteilung in stehende und fließende Gewässer am zweckmäßigsten ist. Zu den stehenden Gewässern zählen sowohl natürliche und künstlich angelegte. Typische *stehende Gewässer* sind: (geschlossene) Seen, Flussseen, Stauseen, Talsperren, Ausschachtungsgewässer (z. B. aufgelassene Tagebaue, Kies- und Tongruben), Torfstiche, tote Arme von Fließgewässern, Restlöcher, Teiche, Tümpel, Weiher. Obwohl auch die kleineren stehenden Gewässer oft hervorragende Angelmöglichkeiten bieten, sind vor allem die Seen für den Angler interessant und sollen deshalb etwas näher vorgestellt werden. Sie werden nach ihrer Form und geografischen Lage in verschiedene Typen eingeteilt, aber auch – was ja vor allem den Angler interessiert – in Anlehnung an jene Fischarten, die für den jeweiligen Typ charakteristisch sind. Wir lassen nachfolgend Bachforellenseen, Saiblingsseen und Seeforellenseen sowie die verschiedenen Mischformen dieser Seen unberücksichtigt. Sie sind Seen des Hochgebirgsvorlandes und des Hochgebirges und für den mit diesem Buch angesprochenen Leserkreis vorerst ohne große Bedeutung.

Maränensee. Er weist bei steil abfallendem Boden vielfach Tiefen von mehr als 25 Metern auf. Das Wasser ist kalt und klar, in heißen Sommern ist es aber vielfach nicht mehr bis zum Grund mit Sauerstoff gesättigt.

Hauptfische: Kleine, seltener Große Maräne, Plötze, Hecht, bei Besatz auch Aal und Regenbogenforelle.

Plötzensee. Er ist in der Regel recht tief und somit – zumindest im mittleren und tieferen Bereich – auch im Sommer noch relativ kalt. Der Gewässergrund ist mit einer Schlammschicht bedeckt; die grundnahen Wasserschichten dieses Sees sind sauerstoffarm. Zooplankton ist als Nahrungsbasis reichlich vorhanden. Die Ufer weisen häufig Schilfbewuchs auf, dem sich seeseitig ein Wasserpflanzengürtel anschließt. Der abfallende Gewässerboden ist bis in größere Tiefen mit unterseeischen Wiesen bewachsen.

Hauptfische: Plötze, vereinzelt Blei.

*Oben: Abb. 1
Maränensee*

*Unten: Abb. 2
Plötzensee*

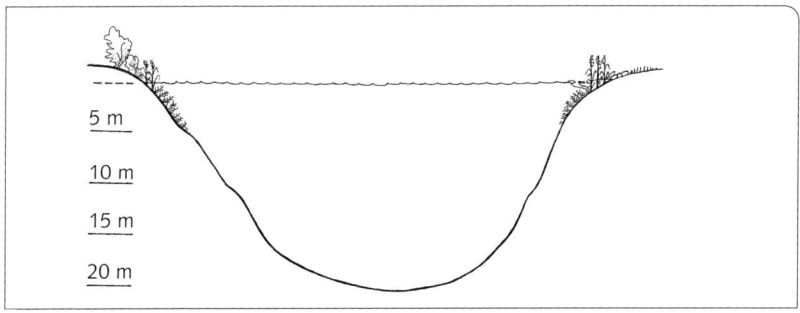

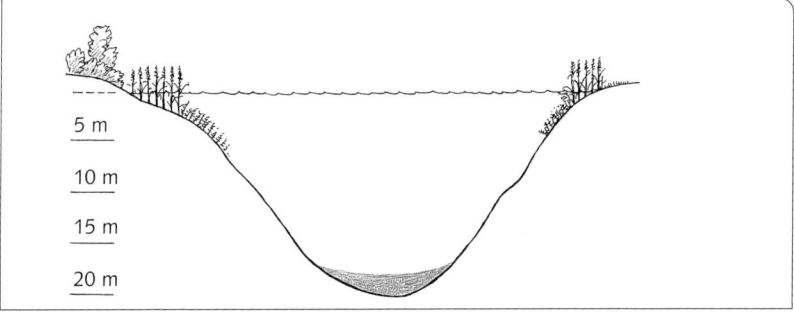

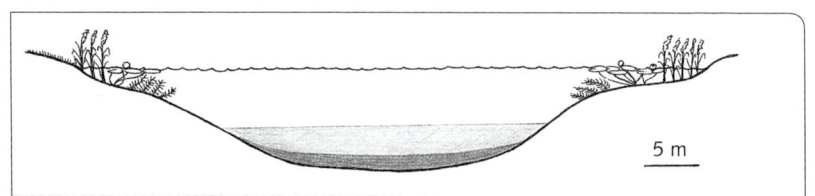

Norddeutscher Bleisee im Frühjahr. Der breite Schilfgürtel ist noch nicht ausgetrieben.

5 m

Abb. 3
Bleisee (flacher Typ)

Bleisee. Er kommt als flacher und als tiefer Seetyp vor. Charakteristisch für den Bleisee sind flache, ausgedehnte Uferzonen mit breitem Gelegegürtel und üppiger Unterwasserflora. Der Seeboden ist mit Faulschlamm bedeckt; die grundnahen Gewässerschichten weisen beim tiefen Typ Schwefelwasserstoffanreicherungen auf. Zahlreiche Zuckmückenlarven in den Uferregionen bieten eine gute Nahrungsgrundlage für die Fischwelt.

Hauptfische: Blei, Plötze, Güster, Hecht, Aal, z. T. auch Zander; Barsch verstärkt im tiefen Bleisee.

Zandersee. Er ist ein oft nur bis zu 5 m tiefes, nährstoffreiches Gewässer. Es ist pflanzenarm und von geringer Sichttiefe (Wasserblüte mit anschließender Trübung). Der Grund ist schlammig, die unteren Wasserschichten sind (meist) schwefelwasserstoffhaltig, die Uferregionen hartgründig bis steinig.

Hauptfische: Zander, Plötze, Ukelei, Blei, Güster.

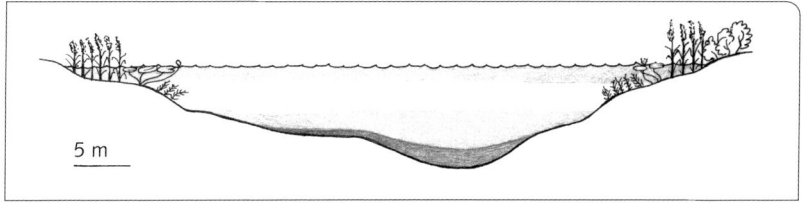

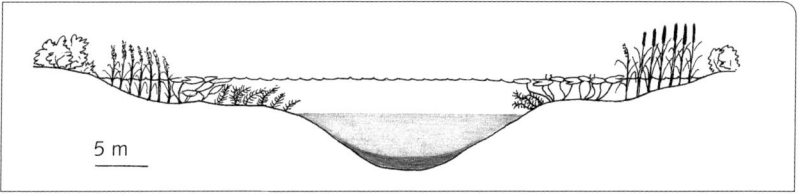

Hecht-Schlei-See. Er ist durch einen breiten Gelegegürtel und durch starken Unterwasserbewuchs gekennzeichnet. Die ufernahen Flachwasserregionen sind weit ausgedehnt. Der Boden dieses Seetyps ist mit einer Faulschlammschicht bedeckt. Grundnahe Wasserschichten sind durch Sauerstoffmangel gekennzeichnet, weisen jedoch keinen Schwefelwasserstoff auf.

Hauptfische: Hecht, Schleie, Karpfen, Aal, weiterhin Plötze, Rotfeder, Güster, Barsch.

Natürlich kommen die verschiedenen Seentypen nie in „lupenreiner" Form vor. Es gibt von jedem Typ verschiedene Untertypen, und es gibt teilweise schwer abgrenzbare Übergänge zwischen ihnen. Alle diese Fragen sind aber für den Angler von untergeordneter Bedeutung. Wesentlich wichtiger ist für ihn die Kenntnis des Gewässerprofils und der jahreszeitlich bedingten Veränderungen eines Sees. Am Beispiel eines Bleisees (Abb. 6) soll das deutlich gemacht werden.

Gewässerprofil. Ein Bleisee beginnt bereits mit seinem Ufer, das sehr verschieden gestaltet sein kann. Oft ist es morastig, und es bilden sich die verlandungstypischen *Schwingwiesen* heraus, bei deren Betreten *akute Lebensgefahr* besteht! Dem Ufer schließt sich die *Gelegezone* mit den Überwasserpflanzen wie Rohr, Schilf und Binsen an. Danach folgt die *Schwimmblattpflanzenzone*, die Gewässertiefen bis etwa 2 m erreicht. Weiße Seerose und Gelbe

*Oben: Abb. 4
Zandersee*

*Unten: Abb. 5
Hecht-Schlei-See*

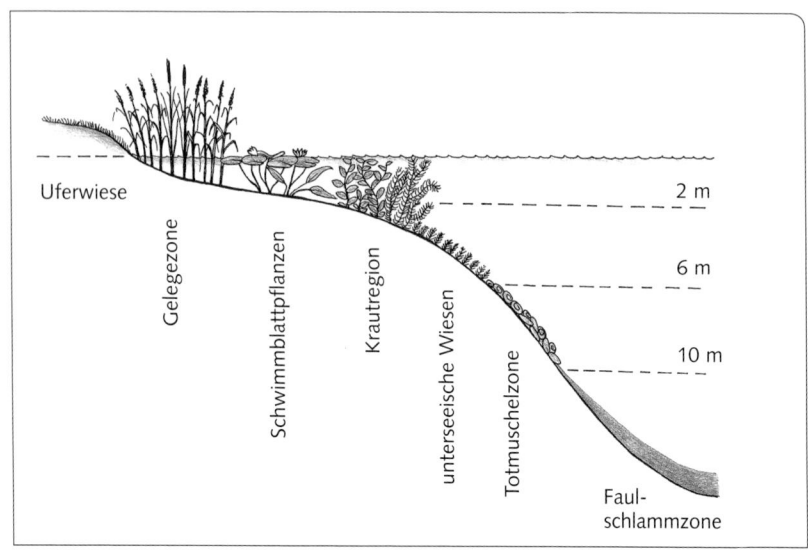

Uferwiese

Gelegezone

Schwimmblattpflanzen

Krautregion

unterseeische Wiesen

Totmuschelzone

Faul-
schlammzone

2 m

6 m

10 m

Abb. 6
Bleisee im Profil
(Uferzone)

Teichrose (Mummel) sind hier die typischen Pflanzen. Die *Unterwasserpflanzenzone*, auch Krautzone genannt, schließt sich an. Sie ist durch üppige Laichkraut-, Hornkraut- und Wasserpestbestände geprägt, welche die wichtigsten Sauerstofferzeuger, aber auch Lieferanten des nährstoffreichen Faulschlamms der Seen sind. Schließlich sind die Zonen der unterseeischen Wiesen, der toten Muscheln und des Faulschlamms zu nennen.

Das Gewässerprofil vieler Seen ist dadurch gekennzeichnet, dass der Gewässerboden nicht „schüsselartig" an einem Ufer abfällt, dann unten glatt verläuft und am anderen Ufer wieder ansteigt. Oft gibt es nämlich in Seen unterseeische Erhebungen, sogenannte „Barschberge". Je nachdem, wie weit diese zur Wasseroberfläche emporragen, finden wir hier die gleiche Unterwasservegetation vor, die die ufernahen Bereiche kennzeichnet.

Eine weitere Unterteilung ist die in *Uferregion* (Litoral), *Freiwasserregion* (Pelagial) und *Tiefenregion* (Profundal).
Nährstoffgehalt. Ob ein See nährstoffarm (oligotroph) oder nährstoffreich (eutroph) ist, hängt von verschiedenen, hier nicht näher darzustellenden Faktoren ab. Mit Ausnahme der Maränenseen handelt es sich bei den an-

deren Seen unseres Landes in der Regel um eutrophe Gewässer.

Wasserzirkulation. Was die jahreszeitlich bedingten Veränderungen betrifft, so muss kurz auf die Wasserzirkulation eingegangen werden. Zuvor sei aber daran erinnert, dass Wasser bei 4 °C seine größte Dichte besitzt.

Wird im Frühjahr das Wasser der oberen Regionen auf 4 °C erwärmt, sinkt es in die Tiefe und verdrängt dort das kältere Wasser mit geringerer Dichte, das nun nach oben gedrückt wird. Es vollzieht sich die *Vollzirkulation*, wobei das sauerstoffangereicherte Oberflächenwasser in die Tiefenregion kommt, während das sauerstoffarme Wasser in die Oberflächenbereiche gelangt und hier erneut mit Sauerstoff angereichert wird.

Das gleiche spielt sich während der Abnahme der Temperaturen im Spätherbst nochmals ab.

Jährliche Fischerträge je ha Wasserfläche (nach Bauch 1970):	
Maränensee	10 – 50 kg
Plötzensee	25 – 50 kg
Bleisee	20 – 25 kg
Zandersee	15 – 25 kg
Hecht-Schlei-See	25 – 120 kg

Während der warmen Sommermonate kommt es durch die tag- und nachtbedingten Temperaturschwankungen sowie durch Windeinflüsse in den oberen Wasserschichten zur *Teilzirkulation*. Diese reicht aber in zahlreichen Seen vielfach nicht aus, um einen Sauerstoffmangel in der Tiefenregion zu verhindern. In nahrungsreichen Seen kommt es zudem durch das Absterben pflanzlicher und tierischer Substanzen über der Faulschlammschicht zur Schwefelwasserstoffbildung.

Die fließenden Gewässer

Als die Fischereibiologen vor einigen Jahrzehnten die fließenden Gewässer nach den in ihren verschiedenen Abschnitten hauptsächlich vorkommenden Fischarten in Regionen einteilten, muß die natürliche Umwelt noch heil gewesen sein. Wichtige Arten, die diesen Regionen ihren Namen gaben, sind heute fast zoologische Seltenheiten – die Namen aber sind geblieben.

Quellregion. Sie beginnt am Ursprungsort eines Flusses, der hier häufig nur ein schwaches Rinnsal ist und daher für den Angler in der Regel kaum Bedeutung hat. Unregelmäßige Wasserführung, schlechte Nahrungsbedingungen und mangelnde Schutzmöglichkeiten bieten höchstens einigen Elritzen und Schmerlen kärglichen Lebensraum.

Bachforellenregion. Hier muss man zwischen der des Gebirgsbaches und der des Niederungsforellenbaches unterscheiden. Die entsprechende Region des *Gebirgsbaches* ist mit kaltem, klarem, sauerstoffreichem Wasser stark durchströmt. Gewässergrund und Ufer sind überwiegend steinig. Wasservegetation gibt es nur in Form von Algen. Die Nahrungsbedingungen im oftmals weniger als 10 °C warmen Wasser sind ausgesprochen schlecht, so dass Bachforellen dieser Region häufig kaum über das Mindestmaß hinauskommen.

Ganz anders der *Forellenbach der Niederung*. Er ist durch schnelle flache Strecken gekennzeichnet, die sich mit ruhigen tieferen Abschnitten abwechseln. Das Bachbett ist sandig bis kiesig, das Gefälle geringer. Obwohl das Wasser sich im Sommer bis 18 °C (und mehr) erwärmt, ist es sehr sauerstoffreich und klar. Die vorhandene stärkere Wasservegetation bietet ideale Lebensbedingungen für zahlreiche Kleintiere, die ihrerseits den Fischen eine gute Nahrungsbasis sind. Neben Bachforellen und Regenbogenforellen, die hier oft mehrere Kilogramm schwer werden, leben in dieser Region weiterhin Döbel, Hasel, Plötze, Gründling, Quappe, Hecht und Aal – die beiden letztgenannten müssen allerdings im Interesse der Forellenbestände kurzgehalten werden.

> Die Fließgewässerregionen erhielten ihre Namen nach den einst typischen Fischen, die in ihnen lebten.

Äschenregion. Sie hat immer noch zügig fließendes, klares Wasser, das nach wie vor kühl und sauerstoffreich ist. Breite und Tiefe dieser Region nehmen gegenüber der Forellenregion merklich zu. Auch der Wasserpflanzenbewuchs ist schon artenreicher. Begleitfische der Äsche sind Döbel, Aland, Hasel, Plötze, Quappe, Hecht, Aal, teilweise auch schon Barsch.

Barbenregion. Sie zeichnet sich durch meist leicht trübes Wasser aus. Sommerliche Wassertemperaturen um 18 °C begünstigen Wachstum und Artenvielfalt der Wasserpflanzen. Die Uferstreifen sind teilweise schon mit Rohr, Schilf und Binsen bewachsen. Die geringen Barbenbestände, die es bei uns noch gibt, teilen sich diese Region mit

Oben: Der Unstrut mit Wehranlage in Freyburg. Hier geht die Barbenregion bereits in die Bleiregion über.

Rechte Seite: Smaragdgrün und urgewaltig schiebt sich das Wasser unterhalb des Traunfalls durch die bizarre Felsenlandschaft Oberösterreichs.

Döbel, Aland, Plötze, Quappe, Aal, Hecht, Barsch und vereinzelt auch Rapfen und Zander.

Bleiregion. Kennzeichnend für sie ist träge fließendes, trübes und im Sommer meist um 20 °C warmes Wasser. Diese Region entspricht dem Unterlauf der Flüsse. Der weiche bis schlammige Gewässerboden schafft der üppigen Unterwasservegetation nahezu ideale Bedingungen. Außerhalb der Hauptströmung und in den seenartigen Verbreiterungen entstehen Krautbänke und Schwimmblattteppiche. Die Bleiregion verfügt über die größte Artenvielfalt der Fische – vom Aal bis zum Zander sind fast alle Arten vertreten. Hier ist der Blei immer noch Leitfisch.

Brackwasserregion. Sie entsteht dadurch, dass Flüsse, die in die See münden, sich auf ihren letzten Kilometern meist beachtlich verbreitern. Sie haben nur noch eine geringe Fließgeschwindigkeit und einen meist schlammigen bis schlickigen Boden. Gezeiten- und Windeinflüsse bewirken, daß das salzige Seewasser oft viele Kilometer in die breiten Mündungsbereiche gedrückt wird. Nach den am häufigsten vorkommenden Fischarten wird sie auch *Kaulbarsch-Flunder-Region* genannt. Die Pflanzenwelt unter Wasser ist artenmäßig bereits dem Salzwasser angepasst; Rohr- und Schilfgürtel werden in Richtung Mündung spär-

licher. Neben den Leitfischen kommen überwiegend Aal, Blei, Güster, Plötze vor.

Unsere Gewässer sind komplizierte, äußerst empfindliche ökologische Systeme. Sie sind in mehrfacher Hinsicht Träger des Lebens – für die Trink- und Brauchwasserversorgung, als Verkehrsadern, als Orte der Erholung und Freizeitgestaltung und nicht zuletzt als Produktionsstätten der Berufsfischerei. Diese Mehrfachnutzung birgt in sich viele Gefahren für unsere Gewässer. Aber mehr noch: Die Folgen moderner Produktionsmethoden in Industrie und Landwirtschaft haben Tausende Gewässer irreversibel verändert. Man denke nur an solche Begriffe wie „saurer Regen" oder „Eutrophierung" der Gewässer. Wenn heute in vielen Ländern Lösungen für einen besseren Schutz der Gewässer gesucht werden, so deutet das auf die Größenordnung dieser Probleme hin.

Angesichts dieser ernsten Lage erscheint es als Donquichotterie, wenn man die Angler auffordert, einen aktiven Beitrag zum Schutz der Gewässer zu leisten. Und dennoch kann die Wirksamkeit der Angler in dieser Hinsicht nicht hoch genug eingeschätzt werden. Jeder, der unduldsam dafür eintritt, dass zum Beispiel landwirtschaftliche und Siedlungsabfälle nicht in Tümpel, Teiche oder Bäche gelangen, der Jauche- und Abwassereinleitungen in Gewässer nicht aus Bequemlichkeit oder falscher Rücksichtnahme „übersieht", sondern bei den zuständigen Behörden vorstellig wird und die Medien bemüht, um die Dinge ohne Schonung des Verursachers öffentlich beim Namen zu nennen – der kämpft bestimmt nicht gegen Windmühlen. Tatsächlich rettet er so vielleicht ein Gewässer – eine Aufgabe, um die es sich bei aller Widersprüchlichkeit auf diesem Gebiet noch immer zu ringen lohnt. Der Angler, der sich als Teil öffentlicher Kontrolle zum Schutz unserer natürlichen Umwelt versteht, der bereit ist, zusammen mit den zuständigen Behörden und ehrenamtlichen Gremien nach gesellschaftlich vernünftigen Lösungen zu suchen, der dabei aber auch stets den ökologischen und ökonomischen Gesamtzusammenhang erkennt und unterstützt, der muss das Typische werden. Der moralische Anspruch, Freude, Spaß und Erholung beim Angeln zu finden, besteht nur für den, der bereit ist *mitzuhelfen, das zu erhalten, was die Basis seines Tuns ausmacht: Unsere Gewässer!*

Der Fischfang mit der Angel

Die Entwicklung des Angelfischfangs

- In der nordtansanischen Olduvayschlucht findet LOUIS S. B. LEAKY 2 Millionen Jahre alte Überreste eines Vormenschen und an derselben Stelle gleichalte Überreste von Fischskeletten.
- Die Menschen der Jungsteinzeit (4500 – 2000 v. u. Z.) fertigten sich Angelhaken aus Feuerstein und Knochen.
- Ein Wandgemälde im „Haus des tragischen Dichters" in Pompeji (79 u. Z.) zeigt Venus und Amor beim Angeln.
- Die Dichtung WOLFRAM VON ESCHENBACHS über den Gralskönig Titurel schildert in der mittelhochdeutschen Sprache des 11./12. Jahrhunderts das Fischen mit der „Vederangel".
- 1653 erscheint in England IZAAK WALTONS „The Complete Angler or the Contemplative Man's Recreation" (Der vollkommene Angler oder eines nachdenklichen Mannes Erholung).
- 1905 wird LORD HOLDEN ILLINGWORTH das Patent für die Erfindung der Stationärrolle erteilt.
- 1971 bringt die Firma FENWICK, USA, die erste Kohlefaserrute auf den Markt.
- Im Jahr 2000 widmen sich weltweit 100 bis 120 Millionen Menschen dem Freizeitfischfang mit der Angel.

Fischfang und Jagd sind untrennbar mit der Menschheitsentwicklung verbunden. Was den Fischfang betrifft, so wurde er als Quelle des Nahrungserwerbes immer weiter spezialisiert. Pfeil und Bogen, Harpune, Schlinge, verschiedene Fischfallen und nicht zuletzt die Handangel waren wichtige Stationen im tagtäglichen Kampf um das Sattwerden. Wann sich der Freizeitfischfang vom harten Ringen um den Nahrungserwerb abzuheben begann, ist zeitlich nicht genau festzulegen.

Wenn auf einer der ältesten *ägyptischen Angeldarstellungen* (um 1400 v. u. Z.) ein Reicher der Fischweid nachgeht, so stellt sich doch die Frage, ob er es nötig gehabt haben mag, auf diese Weise seinen Lebensunterhalt zu sichern. Viel spricht dafür, dass er bereits ein Freizeitangler war. Sicher ist, dass sich im mitteleuropäischen Raum das Freizeitangeln wesentlich später entwickelte. Neben der bereits bei WOLFRAM VON ESCHENBACH erwähnten „Vederangel", die zweifelsohne als Flugangel anzusehen ist, gibt die Liederhandschrift des Züricher Ritters RÜDIGER MANESSE und seines Sohnes Johannes aus dem frühen 14. Jahrhundert weiteren Aufschluss. Sehr interessant ist auch die Tatsache, dass die zweite Auflage des 1496 in England erschienenen, von JULIANE BARNES verfassten Buches mit dem Titel „The Boke of St. Albans" eine Abhandlung über das Angeln enthält. Die Engländer blieben dann auch führend in der Weiterentwicklung des Angelns. Eine erstmals nahezu geschlossene Abhandlung über das Angeln verfaßte IZAAK WALTON. Allein die Tatsache, daß sein Buch „The Complete Angler..." bis heute die meisten Auflagen eines Angelbuches überhaupt

Diese frühe deutsche Buchillustration, ein Holzschnitt von A. S. Münster aus dem Jahr 1574, zeigt einen Rutenangler und Fischfangkörbe.

und dieses selbst in seltensten Sprachen erfahren hat und damit wohl zu Recht der Weltliteratur zuzuordnen ist, spricht für sich.

Stellvertretend für *weitere englische Angelklassiker* seien MOSES BROWNE (Piscatory Eclogues, 1.Auflage, London 1729), RICHARD BROOKS (Art of Angling, 1.Auflage, 1740), THOMAS C. HOFLAND (The British Angler's Manual, 1. Auflage, London 1839) genannt.

Auch der Jahrzehnte in Thüringen lebende Engländer JOHN HORROCKS muß erwähnt werden, der mit seinem bis heute bemerkenswerten Werk „Die Kunst der Fliegenfischerei" (Weimar, 1874) nicht nur die anspruchsvollste

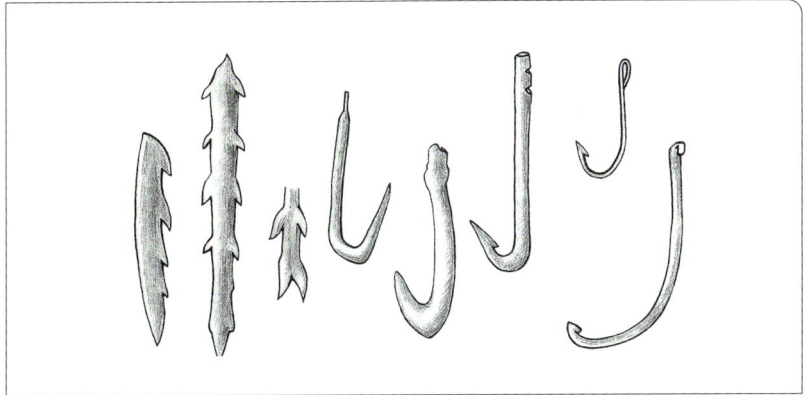

*Abb. 7
Prähistorische
Fischfanggeräte.
Von links nach
rechts: Knochen-
harpunen, Angel-
haken aus Knochen,
Angelhaken aus
Metall*

aller Angelmethoden in Technik und Taktik der breiten Öffentlichkeit vorstellte, sondern der für sich zugleich in Anspruch nehmen kann, erstmalig in der deutschen Angelliteratur konsequent die *Einheit von Hege und Fischfang* gefordert zu haben.

Schließlich kommt Max von dem Borne, Rittergutsbesitzer auf Berneuchen in der Neumark und königlich preußischer Kammerherr, die zentrale Bedeutung in der Entwicklung des deutschen Fischereiwesens, eingeschlossen die Angelfischerei, zu. Aus von dem Bornes enormem fischereilichen Gesamtschaffen sei nur sein „Illustrirtes Handbuch der Angelfischerei" (1875) erwähnt, das zum erfolgreichsten deutschen Lehrbuch der Angelfischerei geworden ist und noch heute in inzwischen 19. Auflage unter dem veränderten Titel „Die Angelfischerei" die Einheit von Klassiker und modernstem Anspruch verkörpert und die deutschsprachige Angelliteratur anführt.

Zu den Angelpionieren der Neuzeit zählen auch Karl Heintz und Max Piper.

Karl Heintz – er entwickelte neben vielen anderen Angelgeräten auch den nach ihm benannten Heintz-Blinker – verfaßte 1903 das Lehrbuch „Der Angelsport im Süßwasser", das auch nach über einem Jahrhundert kaum an Aktualität eingebüßt hat. Entsprechendes gilt für Max Piper, der seinen reichen Erfah-

Der Fischfang mit der Angel ist so alt wie die Menschheit.
Er bewahrt noch heute die Natur durch bewußte Nutzung!

Altes Angelgerät der Traditionsfirma mit dem Ziegenbock. Dreiteilige Gespließte und Grundrolle sind noch voll funktionstüchtig.

rungsschatz in den 50er Jahren des letzten Jahrhunderts unter anderem in seinen Büchern „Der vielseitige Angler", „Lehrbuch für Spinnangeln" und „Fliegenfischen überall" der Nachwelt überliefert hat.

Die gemeinsame Klammer, die den großen Bogen von den ersten das Angeln betreffenden Überlieferungen des Altertums über die „Vederangel", über WALTON und VON DEM BORNE bis zu den vielen Millionen Anglern unserer Tage umfaßt, heißt Freude durch Achtung der Kreatur empfinden, heißt geistige und körperliche Erbauung, heißt Schutz und Hege unserer natürlichen Umwelt und – darin eingeschlossen – unserer Fische. Dieses ethische Motiv des Anglers, das unvereinbar ist mit Beutemachen, gilt es nicht nur schlechthin wachzuhalten – *wir müssen es mehr denn je zum Allgemeingut aller Angler machen!*

Grundangeln

Grundangeln ist die Angelmethode, bei der in der Regel ein natürlicher Köder – ohne durch den Angler aktiv bewegt zu werden – mittels Rute, Schnur, gegebenenfalls Pose, Blei, Vorfach und Haken den Fischen am Gewässergrund oder in darüberliegenden Wasserschichten, eingeschlossen die Wasseroberfläche, angeboten wird.

Die Technik des Grundangelns

Das Gerät des Grundanglers

Der allgemeine Fortschritt hält für den Angler heute eine
Ausrüstungs- und Gerätevielfalt bereit, die – sicher hier
und da mit einigen Abstrichen versehen – im Prinzip kaum
noch Wünsche offen lässt.

Dieses Geräteangebot verkraftet
vielleicht der Profi, nicht aber der Anfänger. Wird diese Vielzahl von Geräte-
modellen zudem noch von weniger
versierten Fachverkäufern angeboten,
ist der Anfänger außerstande, eine
richtige Wahl zu treffen.

> Grundangeln ist die älteste und
> universellste Angelmethode. Wir
> bezeichnen sie deshalb auch als
> Basismethode der Angelfischerei.

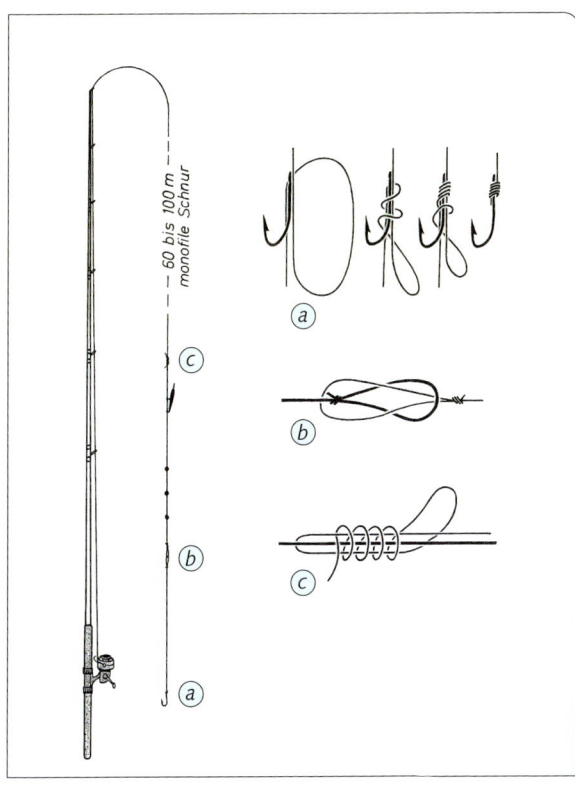

Abb. 8
Montierte Grund-
angel (mit Rolle und
Gleitpose)

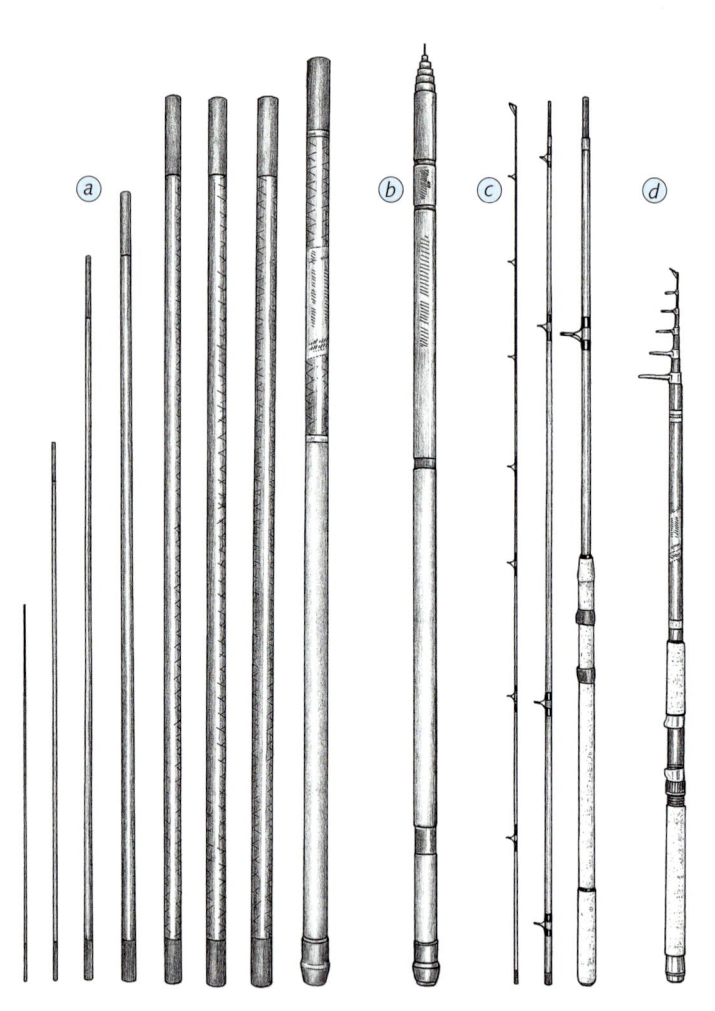

Abb. 9
Es gibt zwei Rutenkonzepte: Einsteck- und Teleskopbauweise:
Einsteck-Kopfrute (a); Teleskop-Kopfrute (b); Einsteck-Wurfrute (c);
Teleskop-Wurfrute (d)

Obwohl jeder Anfänger gut beraten ist, sich beim Erwerb der ersten Grundausstattung der Unterstützung eines Sachkundigen zu bedienen, wird ihm die nachfolgende Beschreibung der für das Grundangeln benötigten Geräte zusätzliche Hilfe sein.

Angelrute. Die Rute des Grundanglers kann sowohl eine einfache Friedfischrute (rollenlose, unberingte „Stipprute") als auch eine beringte, mit Rollenhalter versehene Rute sein – die Entscheidung, welche die zweckmäßigere ist, hängt ab vom Verwendungszweck und vom Angelplatz.

> Der Anfänger braucht einen guten „Paten", damit er sich im Angelgeräteangebot nicht verirrt, und er sollte sehr „vorsichtig" kaufen.

Rutenlänge: Friedfischruten gibt es in den verschiedensten Längen. *Hochleistungsgeräte* haben heute schon Längen bis zu 14 m, doch sind diese Geräte nicht für den hier angesprochenen Leserkreis geeignet. Für den *Anfänger* und *fortgeschrittenen Angler* reichen Ruten in den Längen zwischen 4 und 6 m völlig aus. Er kommt damit in der Mehrzahl der Angelgewässer – sei es vom Bootssteg aus, vom Ufer über einen schmalen Pflanzengürtel hinweg oder vom Boot aus – an Plötzen, Bleie, Güstern, Rotfedern, Karauschen, Barsche und andere Friedfische ohne große Probleme heran.

Material: Die sehr preisgünstigen, insbesondere Anfängern zu empfehlenden Friedfischruten aus *Bambus, Pfefferrohr* oder *Seerohr* sind heute vielerorts leider nicht mehr erhältlich. Seit Mitte der sechziger Jahre des letzten Jahrhunderts haben sich im Friedfischrutenbau *Glasfasergewebe* und *Kunstharze* durchgesetzt. Durch eine spezielle Wickel- und Vergusstechnik werden aus diesen Materialien sehr dünnwandige und damit äußerst leichte Rutenkörper hergestellt. Sie haben – pfleglichen Umgang vorausgesetzt – eine nahezu unbegrenzte Lebensdauer. Obwohl derartige Ruten ein Mehrfaches einer Bambusrute kosten, sind sie insgesamt doch recht preisgünstig, und ihr Erwerb ist auch aus der Sicht des Anfängers unbedingt anzuraten.

Unbedingt sei auch die in den sechziger Jahren des letzten Jahrhunderts entwickelte *Kohlefaser* genannt. Dieses Material stellt eine Revolution im gesamten Angelrutenbau dar. Kohlefaserruten bzw. solche mit Kohlefaseranteilen werden höchsten Ansprüchen gerecht; ihre Anschaffung dürfte jedoch – nicht zuletzt aus Kostengründen – für Anfänger vorerst nicht in Betracht kommen.

Bauweise: Friedfischruten gibt es als sogenannte Einsteckruten und als Teleskopruten. Die Steckverbindungen der *Einsteckruten* bestehen bei Bambusruten und vergleichbaren Modellen in der Regel aus Messinghülsen. Ruten in Hohlbauweise verfügen über hülsenlose Steckverbindungen. Diese sind bei guten Modellen heute so konstruiert, dass sie das Biegungsverhalten der Ruten kaum noch stören. Anders bei den Verbindungshülsen aus Messing. Hier gilt nach wie vor der Grundsatz: *Je weniger Hülsenverbindungen, um so besser die Rute.* Friedfischruten in *Teleskopbauweise* bestehen je nach ihrer Gesamtlänge aus mehreren Einzelteilen, die sich so ineinanderschieben lassen, dass schließlich die ganze Rute im Handteil „verschwindet". Der einzige Nachteil sehr langer Teleskopruten besteht darin, dass das Handteil einerseits Rutenteil ist, andererseits aber auch eine Magazinfunktion besitzt und daher oft einen sehr großen, mitunter nicht sehr handlichen Durchmesser aufweist. Als *Zubehör* einer Friedfischrute ist lediglich die Spitzenöse zur Befestigung der Angelschnur sowie bei modernen Modellen ein rutschfester Griff zu nennen (z. B. Plastikschlauchüberzug).

Will man stärkere Fische (z. B. bessere Karpfen oder Döbel) beangeln oder soll auf größere Distanz oder in größeren Tiefen geangelt werden, benötigt man eine *beringte, mit Rollenhalter ausgestattete Grundrute* (Abb. 9 a).

Auch hier gibt es wieder eine Fülle unterschiedlichster Modelle, wobei nachfolgend nur auf Ruten in Hohlbauweise eingegangen wird.

Die Länge derartiger Grundruten liegt zwischen 3 und 4,5 m. Kürzere Modelle stellen bereits Übergänge zur Spinnrute dar und sollten vorerst nicht angeschafft werden.

Beringte Grundruten gibt es als zwei- bis dreiteilige Modelle, bei denen die hülsenlose integrierte Steckverbindung dominiert. Ruten dieser Art, die hin und wieder auch noch mit Metallhülsenverbindungen auf dem Markt auftauchen, sollte man keinesfalls kaufen. Derartige Rutenteilverbindungen stören einerseits das Biegungsverhalten, die sogenannte Aktion der Rute, andererseits können sie bei größerer Belastung leicht brechen oder knicken.

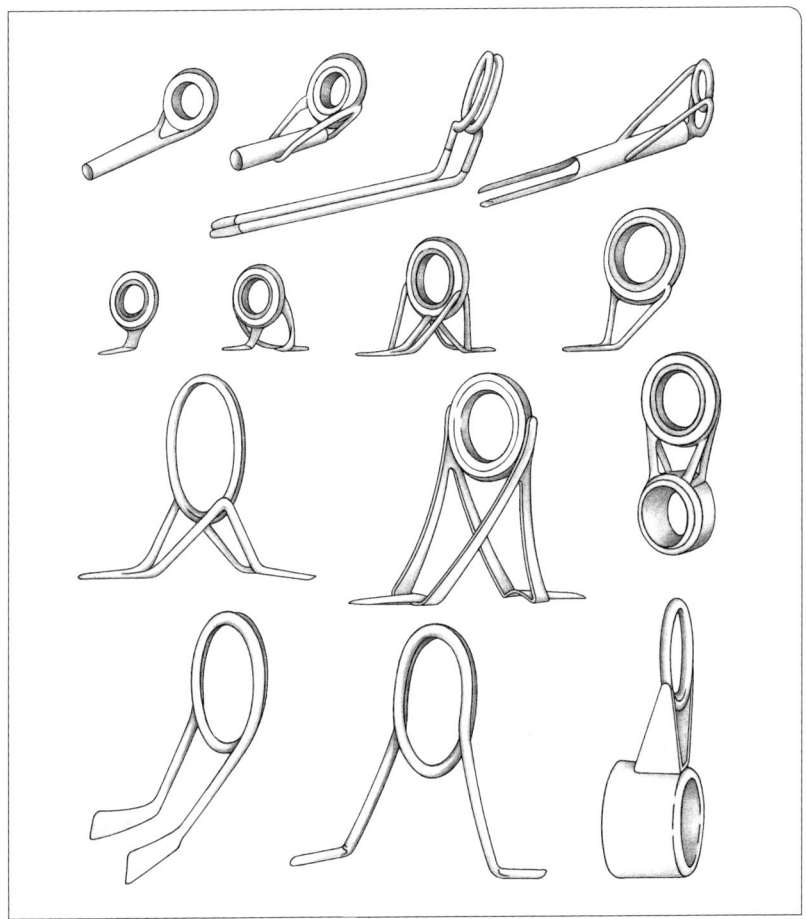

Schließlich werden beringte Grundruten auch in *Teleskopbauweise* hergestellt. Diese Art von Ruten erfreut sich seit Jahren zunehmender Beliebtheit, denn sie sind wegen ihrer Kürze gut zu transportieren. Außerdem braucht man Rolle, Schnur usw. bei einem Standortwechsel während des Angeltages oder vor einem neuen Angelausflug nicht zu demontieren, was viel Zeit und Mühe erspart.

Gegenüber der „glatten" Friedfischrute hat die beringte Grundrute einiges mehr an Zubehör aufzubieten, nämlich:

*Abb. 10
Ringtypen: Spitzenringe mit und ohne Einlagen (oberste Reihe), Führungsringe (Laufringe)*

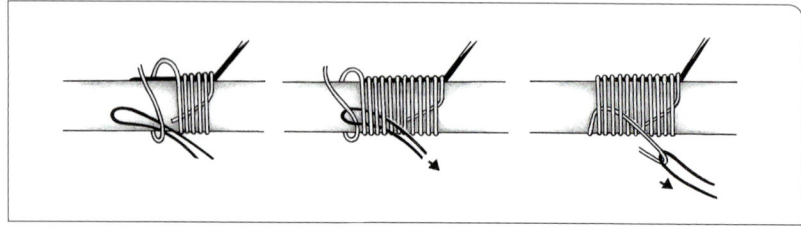

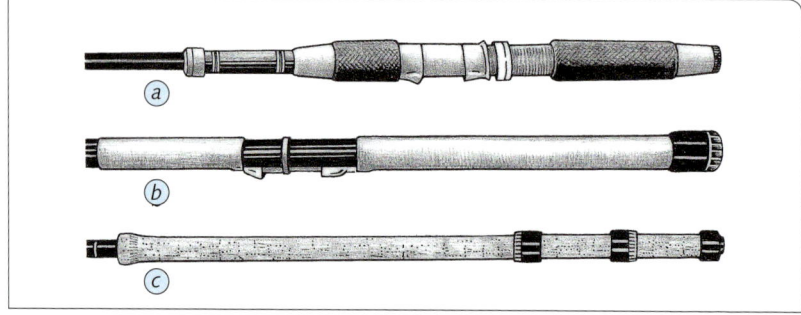

Oben: Abb. 11 Anwinden eines Rutenringes (Arbeitsschritte)

Unten: Abb. 12 Rollenhalter und Griffformen: a) Schraubrollenhalter; b) Klapprollenhalter; c) Schubringe

Beringung, Griff und Rollenhalter. Vorn haben wir den *Spitzenring*, auch Endring genannt. Auch bei Grundruten ist gerade dieser Ring größtem Verschleiß unterworfen. Obwohl kaum vorstellbar, schneidet sich die weiche Angelschnur oft in recht kurzer Zeit tief in den Spitzenring hinein. Hoher Schnurverschleiß ist die Folge. Deshalb kann gerade dieser Ring in qualitativer Hinsicht kaum gut genug sein. Die zwischen Spitzenring und unterstem Ring, dem sogenannten *Leitring*, befindlichen Ringe werden als *Laufringe* oder *Führungsringe* bezeichnet. Wenn auch der Spitzenring am ehesten verschleißt, sofern nicht Ringe mit Einlagen aus gesinterten Metallen (z. B. Aluminiumoxid) verwendet werden, muss der Angler auch den Laufringen große Aufmerksamkeit schenken und sie sofort auswechseln, sofern Verschleißspuren erkennbar werden. Das Befestigen eines neuen Ringes ist Abbildung 11 zu entnehmen.

Rollenhalter und Rutengriff bilden eine Einheit, wobei die technische Gestaltung sehr unterschiedlich sein kann. Drei verschiedene, m. E. gleichwertige Rollenhalter gibt es: den Schraubrollenhalter, den Klapprollenhalter und die so genannten Schubringe. Wichtig ist, dass der Rollenhalter wirklich einen festen Halt der Rolle an der Rute sichert. Der Rutengriff selbst ist bei Grundruten in der Regel recht lang. So liegt die Rute beim überwiegend beidhändig ausgeführten Wurf sicher in der Hand und kann während des Angelns, insbesondere beim Drill eines Fisches, gegen den Körper abgestützt werden.

Griffe für Grundruten bestehen aus Vollkork, Presskork, geschäumten Kunststoffen und teilweise auch aus Holz. Ohne Zweifel ist der Vollkorkgriff von allen der beste.

An anderer Stelle wurde bereits der Begriff „*Aktion der Rute*" gebraucht. Hierunter wird das Biegungsverhalten der Rute bei Belastung verstanden. Zu den häufigsten Aktionsformen handelsüblicher Ruten zählen die Spitzenaktion, die parabolische Aktion und die progressive Aktion.

Eine Rute mit *Spitzenaktion* ist dadurch gekennzeichnet, dass sie im Spitzenteil eine große Biegsamkeit besitzt, während sie im Mittel- und Handteil nahezu stocksteif ist. Ruten mit *parabolischer Aktion* weisen von der Rutenspitze bis ins Handteil eine nahezu gleichmäßige Biegungskurve auf. Bei der *progressiven Aktion* – sie ist übrigens die verbreitetste Aktionsform – sind sowohl die positiven Seiten der Spitzenaktion als auch der parabolischen Aktion zweckmäßig vereinigt. Diese Ruten stellen eine gelungene Synthese dar, die bei geringer Belastung eine feinnervige Spitzenaktion zeigen, also gefühlvolles Fischen mit feinster Montage gestatten, bei zunehmender Belastung jedoch kraftvoll im Mittelteil und bei weiterer Belastung bis hinein ins Griffteil arbeiten.

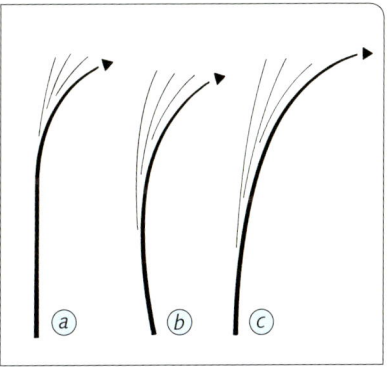

Abb. 13
Aktionsformen der Angelruten:
a) Spitzenaktion;
b) parabolische Aktion; c) progressive Aktion

Rolle. Erst mit ihrer Hilfe wird es möglich, eine größere Distanz zwischen Angler und Fisch zu überbrücken – ob dies durch einen Wurf oder durch ein Abtreibenlassen der Montage in der Strömung erfolgt, ist zunächst unwichtig. Weiterhin hat die Rolle die Aufgabe, die Länge der Schnur und deren Spannung beim Drill eines gehakten Fisches zu regulieren. Und nicht zuletzt hat sie natürlich eine Magazinfunktion für die Schnur.

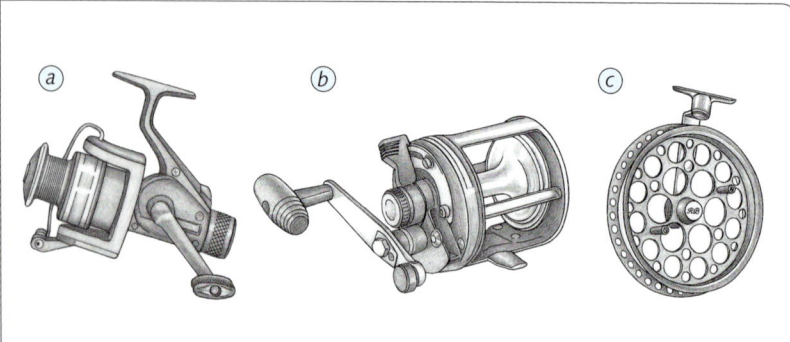

*Abb. 14
Stationärrolle (a),
Multirolle (b)
und Präzisions-
Nottinghamrolle (c)*

*Mit dieser „Präzisi-
ons-Nottingham"
lassen sich Posen-
montagen durch
Auflegen des Zeige-
fingers auf den
Trommelrand leicht
verzögert stromab
führen.*

Es kommen drei verschiedene Rollentypen in Betracht: die einfache Grundrolle, die Multirolle und die Stationärrolle. Obwohl die *Grundrolle* und die *Multirolle* hauptsächlich wegen ihrer schlechten Wurfeigenschaften nur noch selten verwendet werden, genügen sie durchaus den durchschnittlichen Anforderungen des Grundangelns. Ohne Zweifel ist natürlich der Nutzer einer Stationärrolle, die übrigens später für das Spinnangeln ohnehin erforderlich wird, jenen weit überlegen, die die erstgenannten Rollentypen verwenden.

Die Stationärrolle gestattet ohne vieles Üben zielgenaue weiche, weite Würfe, die gerade beim Beangeln scheuer Fischarten oft erforderlich sind.

Eine brauchbare *Stationärrolle* für das Grundangeln muss mindestens folgende Eigenschaften besitzen: Korrosionsbeständigkeit; hart verchromter, tadellos funktionierender Schnurfangbügel; Übersetzungsverhältnis drei- bis vierfach; möglichst überlappende, leicht wechselbare Spule; geräuschloser, leichter Gang; stufenlos regulierbare, sicher arbeitende Schnurbremse. Die Spule sollte bequem 100 m 40er Schnur aufnehmen können. Wenn diese Schnurmenge beim Grundangeln in der Regel auch nicht benötigt wird, so aber bestimmt dann, wenn dieselbe Rolle später beim Spinnangeln verwendet werden soll.

Schnur. Sie hat die Aufgabe, den Köder möglichst unauffällig an den Fisch zu bringen, im Falle eines Bisses den Anschlag der Rute auf den Haken zu übertragen und schließlich den gehakten Fisch unter gleichzeitiger Mitwirkung der Federkraft der Rute zu drillen.

Als Angelschnüre werden heute ausschließlich solche aus Kunststoff verwendet, die unter den verschiedensten Bezeichnungen im Handel sind. Der große Vorteil der Kunststoffschnüre gegenüber den früher verwendeten Seidenschnüren ist der, dass sie knotenlos in allen beliebigen Längen, Farben und Stärken herstellbar sind. Außerdem sind sie seewasserbeständig und erfordern nur geringste Pflege.

Synthetische Angelschnüre werden als monofile (einfädige) und als multifile (vielfädige) Schnüre hergestellt. Während multifile Schnüre sehr weich sind, besitzen *Monofilschnüre* (Drähte) eine gewisse Steife (sie sind gewis-

Allgemein kaum benötigt, aber für schweres Brandungsfischen mit Naturköder ist die Multirolle unverzichtbar...

...doch auch eine robuste, bis ins Handteil arbeitende Rute war vonnöten, um diesen Fisch zu erbeuten.

sermaßen „drahtig"), wodurch sie sich besonders für die Verwendung auf der Stationärrolle eignen.

Wer dagegen *multifile Schnüre* verwenden will, dem ist zur einfachen Grund- oder Multirolle zu raten. Tatsache ist jedoch, dass – inzwischen selbst beim schwersten Hochseeangeln – weltweit monofile Schnüre dominieren, was nicht zuletzt auch auf die überwiegende Verwendung der Stationärrolle zurückzuführen ist.

> **Erfolgstip:** Die Schnur ist so fest wie nötig und so dünn wie möglich zu wählen!

Der große Streit über die beim Angeln erforderliche *Schnurstärke* stammt wohl noch aus Großvaters Zeiten. Ich selbst weiß noch allzu gut, welch Schmunzeln ich oft von den Brandenburger und Mecklenburger Angelsenioren an der Havel oder an der Elde bei Grabow erntete, als ich vor über 40 Jahren bereits mit 0,30 mm starker Schnur den Hechten zu Leibe ging – die alten Herren schworen auf Schnüre nicht unter 0,60 mm!

Die zwischenzeitlich weiter gewachsene Tragfähigkeit moderner Monofilschnüre gestattet Könnern beim feinen Friedfischangeln bereits die Verwendung von Schnüren zwischen 0,08 bis 0,10 mm Durchmesser. Für den Anfänger wird man sicher etwas stärkere Schnüre für vergleichbare Zwecke empfehlen, doch soll mit diesem Beispiel verdeutlicht werden, wie gründlich sich die Dinge mit der Entwicklung moderner Hochleistungsschnüre verändert haben (Tab. 1).

Wer den Grundsatz beherzigt, die Schnur so dünn wie möglich und so haltbar wie nötig zu wählen, der hat bereits eine wichtige Erfolgsvoraussetzung auf seiner Seite.

Die Haltbarkeit jeder Angelschnur wird an den Stellen ihrer Verknotung zum Teil stark gemindert, so dass man bei der Zusammenstellung der Montage darauf achten sollte, einerseits sowenig Knoten wie möglich vorzusehen und andererseits überhaupt die richtigen Knoten zu wählen (vgl. Abschnitt über Gerätezusammenstellung, Abb. 32).

Schließlich ist darauf zu achten, dass auch nicht benutzte Angelschnüre altern und an Haltbarkeit verlieren. Der Angler ist daher gut beraten, jede Angelsaison mit „frischer" Schnur zu beginnen.

Aber auch zwischendurch beim Angeln sollte die Schnur immer wieder sorgfältig auf ihren Zustand hin untersucht

Tabelle 1
Tragkraft moderner
Hochleistungsschnüre
(Stand 2007)

Durch-messer (in mm)	Trag-kraft (in kg)
0,08	0,90
0,10	1,40
0,12	1,80
0,14	2,30
0,16	2,90
0,18	3,30
0,20	4,20
0,22	5,30
0,25	6,30
0,30	8,60
0,35	11,80
0,40	13,10
0,45	16,90
0,50	22,00

werden. Hat man den geringsten Verdacht, dass das vordere Schnurende durch den harten Drill eines besseren Fisches oder durch einen Hänger überdehnt wurde oder stellt man die geringste Aufrauhung der Schnur fest, muss dieser Schnurabschnitt unbedingt abgeschnitten werden. Das gilt auch für Knotenverbindungen, die zu stark angezogen sind, denn sie können sich schon bei erneuter, oft geringster Belastung in sich selbst zerschneiden.

Pose. Sie hat zwei Funktionen zu erfüllen. Erstens hält sie den Köder in der zuvor eingestellten Tiefe, zweitens signalisiert sie optisch den Anbiss des Fisches. Dennoch ist es möglich, auch ohne Pose erfolgreich mit der Grundangel zu angeln, was insbesondere in Gewässern mit festem, nicht schlammigem oder verkrautetem Grund sinnvoll sein kann.

Es gibt unzählige Formen und Größen von Posen. Aber auch die Materialien, aus denen Posen gefertigt werden, sind sehr vielgestaltig. Sie reichen von der Stachelschweinborste über Federkiel, Holz, Kork bis hin zu verschiedenen Kunststoffen.

Allgemein sind *schlanke, lange Posen* zu empfehlen, da sie nur einen geringen Tauchwiderstand besitzen und im Gegensatz zu plumpen, *gedrungenen Posenmodellen* den Biss eines Fisches kaum behindern. Für das feine Grundfischen sind die sogenannten Antennenposen besonders geeignet. Sind sie durch das Gewicht von Blei und Köder so austariert, dass von der Pose nur ein Achtel bis ein Zehntel aus dem Wasser ragt, wird der vorsichtig beißende Fisch kaum einen verdächtigen Widerstand spüren.

> Die Pose soll den Anbiß zeigen und den Köder in der richtigen Angeltiefe halten. Je geringer der Tauchwiderstand der Pose, je weniger argwöhnisch ist der Fisch.

Plumpe, gedrungene Posenmodelle sind dann erforderlich, wenn in strömendem Wasser geangelt wird. Der Auftrieb solcher Posen muß so bemessen sein, dass die Strömungskräfte die Pose nicht unter Wasser ziehen können. Übertrieben große Posen sollten trotzdem nicht verwendet werden, da selbst starke Strömungsfische beim Biss sehr argwöhnisch sind, wenn der durch den Auftrieb erzeugte Widerstand der Pose zu groß ist.

Es gibt *Posen*, die auf der Schnur mit *Gummi- oder Plastikschlauchringen* verschiebbar befestigt sind. Solche

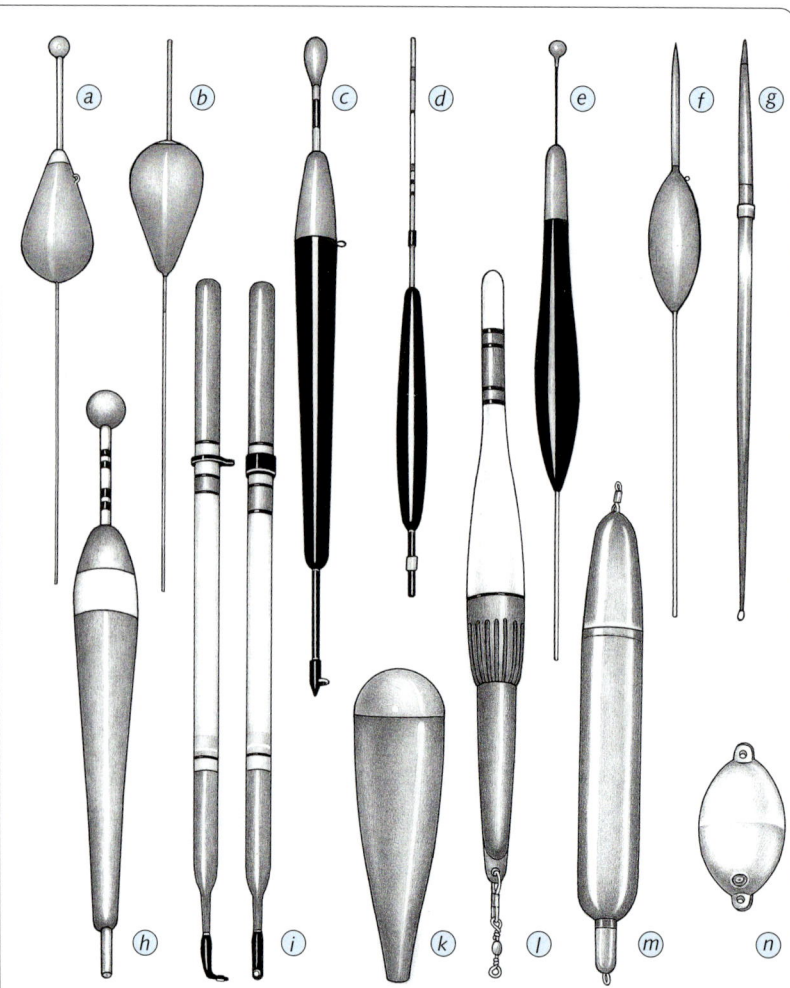

Abb. 15: Posenmodelle und Wasserkugel:
a) in Tropfenform für Fließgewässer; b) in Torpedoform für Fließgewässer;
c) Laufpose für Stillwasser; d) Feststellpose für Fließ- und Stillwasser; e) Feststell-
pose für langsame Fließ- und Stillwasser; f) Feststellpose für starke Strömung;
g) Stachelschweinpose; h) Balsaholzlaufpose mit Innenschnurführung; i) Kunst-
stoffposen, links Laufpose, rechts Feststellpose; k) Kunststoff-Hechtpose mit
Schnurinnenführung; l) Batteriepose für Nachtangeln; m) vorgebleite Karpfenweit-
wurfpose; n) Wasserkugel

Modelle werden je nach der benötigten Tiefe auf der Schnur hoch- oder heruntergeschoben. Wird in Tiefen geangelt, die die Rutenlänge übersteigen, so wird eine *Gleitpose* erforderlich. Gleitposen werden durch entsprechend große Ösen auf die Schnur gefädelt. Oberhalb der Pose wird auf der Schnur ein Stopper in Abhängigkeit von der zu beangelnden Tiefe befestigt. Wird die Montage eingeworfen, so sinken Haken, Köder und Blei in die Tiefe. Die Schnur gleitet dann ungehindert durch die Ösen der Pose nach, bis der Schnurstopper ein Absinken des Köders über die vorher genau festgelegte Tiefe hinaus verhindert.

Für das Fischen bei Dunkelheit gibt es leuchtende Posen verschiedener Bauweisen. *Batteriegespeiste Leuchtposen* gibt es zwar noch, doch spielen sie keine große Rolle mehr,

Abb. 16
Schnurstopper:
a) Metallschnurstopper; b) Binden eines Stopperknotens;
c, d) Stopper aus Ventilgummistück;
e) vorgebundene Stopperknoten auf Plastiktrinkhalm

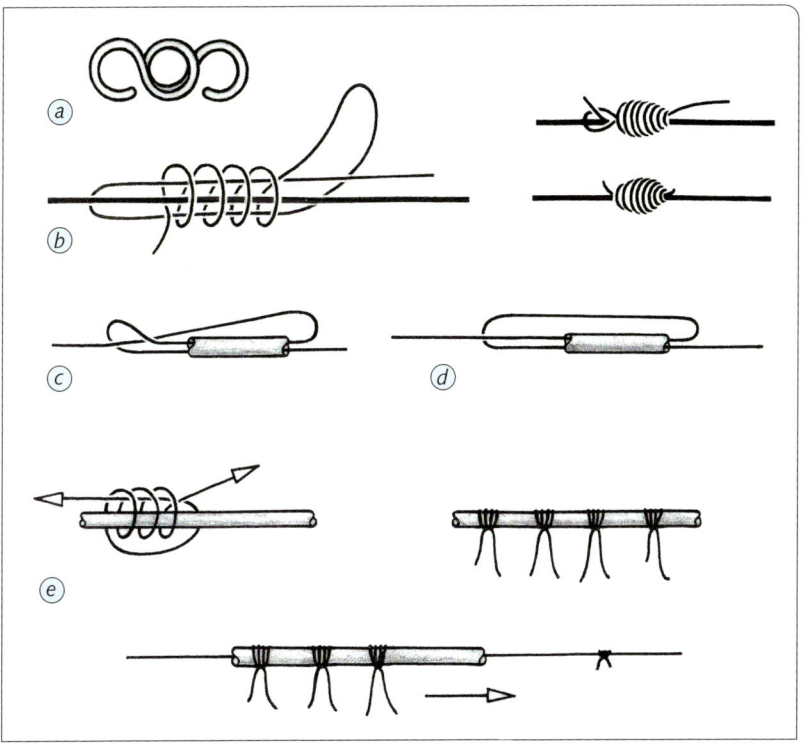

Dieses Sortiment von Posen deckt nahezu alle Standardsituationen der leichten bis mittleren Posenangelei ab.

zumal sie nur in mittleren bis großen Ausführungen erhältlich sind. Die *moderne Leuchtpose* wird mit einem *Knicklicht* betrieben. Das Knicklicht besteht aus einem geschlossenen durchsichtigen Kunststoffröhrchen. Wird das Röhrchen vorsichtig geknickt und zwischen den Fingern gewalkt, werden zwei chemische Substanzen in dem Röhrchen vermischt, die dieses stundenlang grüngelblich leuchten lassen. Knicklichter werden auf die Pose oder in eine hohle klarsichtige Posenantenne gesteckt oder auf andere Weise an der Posenspitze befestigt.

Blei. Bleie benötigt der Grundangler in erster Linie zur Beschwerung von Pose und Köder. Ohne Bleibeschwerung würde der Köder irgendwo im Wasser treiben, jedoch nicht in der Gewässertiefe, in der er von der beangelten Fischart gefunden und aufgenommen werden soll. Zum anderen erzielen viele Grundangelmontagen erst mit entsprechender Verbleiung ein solches Gewicht, dass sie überhaupt ausgeworfen werden können. Bleibeschwerungen gibt es in unterschiedlichsten Formen und Gewichten. Es gibt sie als Bleidraht, Spaltschrote, Bleifolie (Wickelblei) und in verschiedenen Gussformen.

Bei der einfachen Friedfischangel wird die Bleibeschwerung – meist Spaltschrote – oberhalb des Hakens auf die

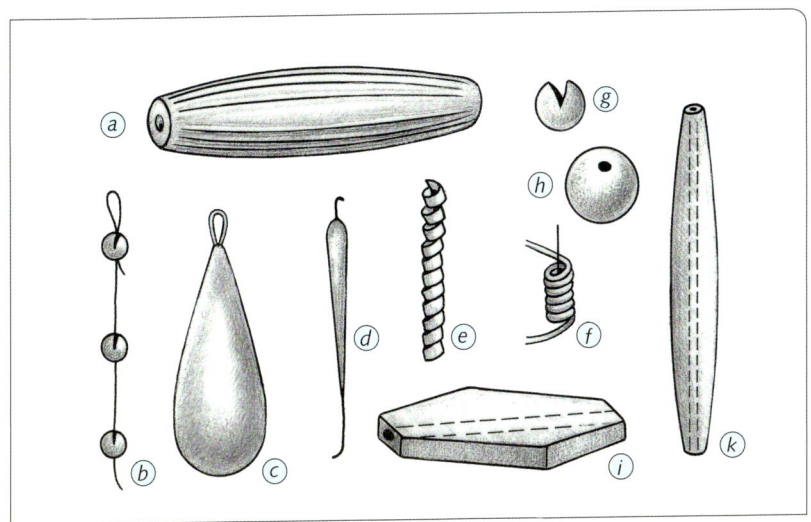

Schnur geklemmt. Angelt man mit auftreibenden Ködern, z. B. Fischködern, kann es erforderlich sein, eine größere durchbohrte Bleiolive auf die Schnur zu ziehen. Sogenannte Laufbleie, auch Grundbleie genannt, werden verwendet, wenn man Grundfische wie Aal oder Quappe, aber auch die in scharfer Strömung stehende Barbe mit direkt am Grund aufliegendem Köder überlisten will. Der Nachteil vieler industriell gefertigter Laufbleie besteht darin, dass die Schnur durch sehr lange und enge Bohrungen zu ziehen ist (Innenschnurführung). Diese behindern den freien Schnurabzug oftmals so stark, dass die Fische die für sie bestehende Gefahr bemerken und vom Köder ablassen. Lötet man in diese Bohrungen dagegen kleine Ösen aus Kupferdraht ein, in die zusätzlich ein Wirbel eingehängt wird, entsteht ein unbedingt sicher funktionierendes Laufblei (Außenschnurführung). Es gibt auch noch eine Reihe weiterer Spezialbeschwerungen, wie z.B. das „Tiroler Hölzl" oder das rollende Bodenblei.

Vorfach. Es verbindet die Hauptschnur mit dem Angelhaken. Gewöhnlich besteht das Vorfach aus einer Schnur, die um etwa 0,05 mm dünner ist als die Hauptschnur.

Der Sinn des Vorfachs besteht allgemein darin, dass die schwächste Stelle (Sollbruchstelle) der Montage vor die

Abb. 17
Bleie: a) Bleiolive;
b) Bleischrote auf
Monofilschnur;
c) sogenannte Arlesey-Bombe; d) Torpillo; e) Wickelblei;
f) Bleidraht;
g) Klemmschrot;
h) Lochkugel; i) Sargblei; k) Bleiolive

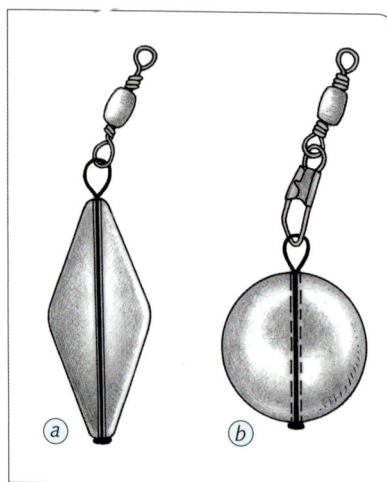

Abb. 18
Laufbleie mit einge-
löteter Schnuröse und
Wirbel: a) fest;
b) mit Karabiner

Pose und meist auch vor deren Verbleiung verlagert wird. Das hat den Vorteil, daß z. B. bei einem unlösbaren Hänger am Gewässergrund nicht die ganze Montage samt Pose und einigen Metern Hauptschnur verlorengeht, sondern nur Haken und Vorfach. Nach Einschlaufen eines neuen Vorfachs mit Haken oder nach Wechsel auf eine andere Hakengröße kann ohne großen Zeitverlust sofort weitergeangelt werden.

Es gibt aber auch Montagen, bei denen die Hauptschnur direkt bis vor zum Haken verläuft.

Meine Meinung, der zu folgen jedem selbst überlassen bleibt: Ich bevorzuge solche vorfachlosen Montagen beim Angeln auf größere Fischarten wie Karpfen, Großdöbel, aber auch beim Angeln auf Zander und Hecht. Auf diese Weise umgehe ich zumindest eine Knotenverbindung (Hauptschnur/Vorfach) und damit eine zusätzliche Schwachstelle. Kritisch betrachte ich Metalldraht- und Stahlseidevorfächern für die normale Süßwasserangelei. Wenn auch immer wieder behauptet wird, dass Hecht und Zander die Angelschnur zerbeißen können und deshalb entweder ein besonders starkes Vorfach aus Angelschnur bzw. aus Metall erforderlich sei, so ist eine solche Sorge nur bei besseren Hechten begründet. Ich habe in meinem über fünfzigjährigen Anglerleben nur wenige Fälle erlebt, bei dem ein Hecht mit den Zähnen ein Vorfach aus normaler Angelschnur zerbissen oder zwischen den Zähnen zerscheuert hätte.

Angelhaken. Der Haken ist in seiner Grundform über Jahrtausende unverändert geblieben, dennoch unterschied man schon um 1900 mehr als 50 verschiedene Modelle. Inzwischen dürften noch einige hinzugekommen sein.

Zunächst muss man wissen, dass es Einfachhaken, Doppelhaken und Drillingshaken gibt. Für den Grundangler kommen zum Friedfischfang nur Einfachhaken in Betracht, während Doppel- und Drillingshaken dem Raubfischfang vorbehalten sind.

Trotz aller modellbezogenen Besonderheiten gibt es gemeinsame *Qualitätskriterien*, auf die größter Wert zu legen ist. Wer Güteabstriche am Haken in Kauf nimmt, spart an der falschen Stelle.

Das Hauptproblem bei der Hakenherstellung besteht in der richtigen Härtung des verwendeten Stahls. Ist sie zu schwach, so biegt sich der Haken bei Belastung auf. Ist sie zu stark, wird der Stahl spröde, und der Haken bricht schon bei einem leichten Hänger am Gewässergrund oder

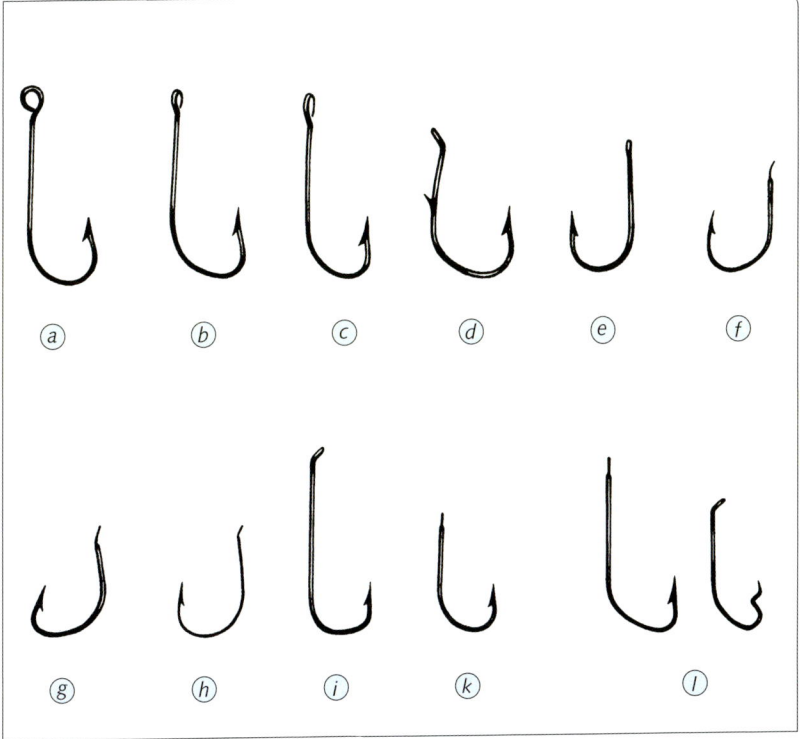

Abb. 19:
Die wichtigsten Angelhaken:
a) Aalhaken; b) Makrelenhaken; c) Kirbyhaken; d) Karpfenwurmhaken;
e) Karpfenboiliehaken mit gerader Spitze; f) Karpfenhaken mit Hohlschliffspitze;
g) Allround-Friedfischhaken; h) dünndrähtiger Friedfischhaken;
i) Sneckbenthaken; k) Italienerhaken; l) Limerickhaken, mit und ohne Widerhaken

sogar schon bei einem etwas zu derben Anhieb oder etwas forscheren Drill. Ein weiterer neuralgischer Punkt ist die Hakenspitze selbst. Sie soll kurz, aber sehr spitz sein. Haken mit lang ausgezogener Spitze sind konsequent abzulehnen. Sie fassen im Fischmaul nicht zuverlässig, ganz abgesehen von der ständigen Gefahr, dass die lang ausgearbeitete Spitze beschädigt wird und den Haken wertlos macht. Bei Haken mit Öhr ist darauf zu achten, dass dieses wirklich geschlossen ist, da sonst keine sichere Vorfachbefestigung garantiert ist.

> Der Angelhaken ist die wichtigste Kleinigkeit des ganzen Angelgerätes. Deshalb dürfen nur beste Haken verwendet werden.

Auch Haken mit Plättchen muss man sehr sorgsam prüfen – oft sind die Plättchen an ihren hakenschenkelseitigen Kanten messerscharf. Es genügt dann schon das beim Hakenanbinden notwendige Festziehen des Knotens, dass sich die Schnur an den scharfen Plättchenkanten zerschneidet.

Folgende *Einfachhaken* sind für den Grundangler von Bedeutung:

Aalhaken: Gleichmäßig geformter Hakenbogen mit gerader Spitze und langem Hakenschenkel, relativ großes Öhr.

Makrelenhaken: Weiter, etwas länglicher Hakenbogen mit gerader Spitze, langem Schenkel und rundem Öhr.

Kirbyhaken: Mit normalem Rundbogen, der in eine seitlich ausgestellte Spitze ausläuft. Der lange Hakenschenkel trägt ein kleineres Öhr oder auch Plättchen.

An dieser kleinen Hakenauswahl wird auch das Problem der Hakengrößenbezeichnung deutlich.

Karpfenhaken: Weit geöffneter Hakenbogen mit seitlich ausgestellter Spitze. Kurzer Hakenschenkel mit zusätzlichen, nach hinten gerichteten Widerhaken und ein nach oben (außen) gerichtetes Hakenöhr oder Plättchen.

Sneckbenthaken: Hakenbogen wirkt „eckig" und geht in eine seitlich ausgestellte Spitze über. Langer Hakenschenkel mit nach unten (innen) gerichtetem Öhr.

Italienerhaken: Normaler Rundbogenhaken mit seitwärts ausgestellter Spitze und kurzem Schenkel mit Plättchen.

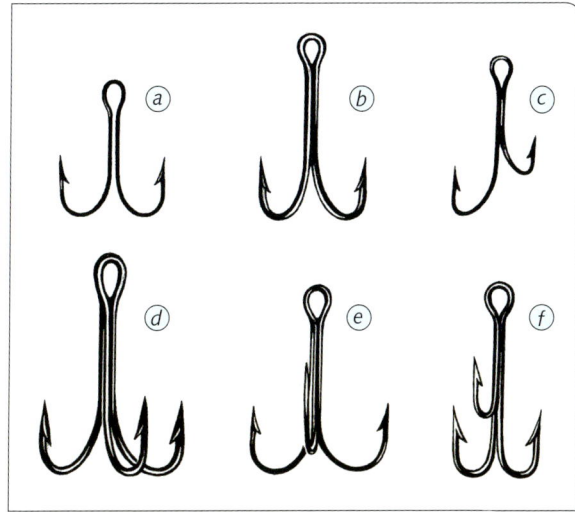

*Abb. 20
Doppel- und
Drillingshaken
(Grundtypen):
a) dünndrähtiger
Doppelhaken mit of-
fenem Schenkel;
b) Kirbydoppelhaken
mit verlötetem
Schenkel; c) Doppel-
haken mit verschie-
den großen Haken
und verlötetem
Schenkel; d) Kirby-
drilling; e)
dünndrähtiger Rund-
bogendrilling mit ver-
lötetem Schenkel;
f) Drilling mit Lipp-
haken zur Köderbefe-
stigung*

Limerickhaken: Sehr dünndrähtiger Haken mit länglich gezogenem, unten „eckig" erscheinendem Hakenbogen. Hakenspitze je nach Ausführung gerade oder seitlich ausgestellt. Der mittellange Hakenschenkel trägt ein Plättchen.

Die Grundtypen Kirby, Sneckbent und Limerick kehren auch bei den Doppel- und Drillingshaken wieder. Gewöhnlich tragen alle diese Haken einen Ring am Schenkel (Abb. 20).

Schließlich noch ein Wort zur *Hakengröße:* Zur Kennzeichnung gibt es zwei Nummernsysteme, ein altes und ein neues. Wenn sich heutzutage kaum ein Angelgerätekatalog finden lässt, der das neue Nummernsystem verwendet, dürfte klar sein, dass zumindest auf diesem Gebiet eine Neuerung nicht immer eine Verbesserung sein muss. Die prinzipiell gute Idee, die dem neuen Nummernsystem zugrunde liegt, versucht die Haken nach der Länge ihrer Schenkel zu ordnen (Hakengröße = Schenkellänge in mm). Bei Standardhaken mag das klappen, doch schon bei langschenkligen oder extrem kurzschenkligen Haken gehen die Probleme los.

Beim alten System – zugegebenermaßen einem im metrischen Zeitalter kaum noch erklärbaren englischen System – ist die Zahl für die Hakennummer um so größer, je kleiner

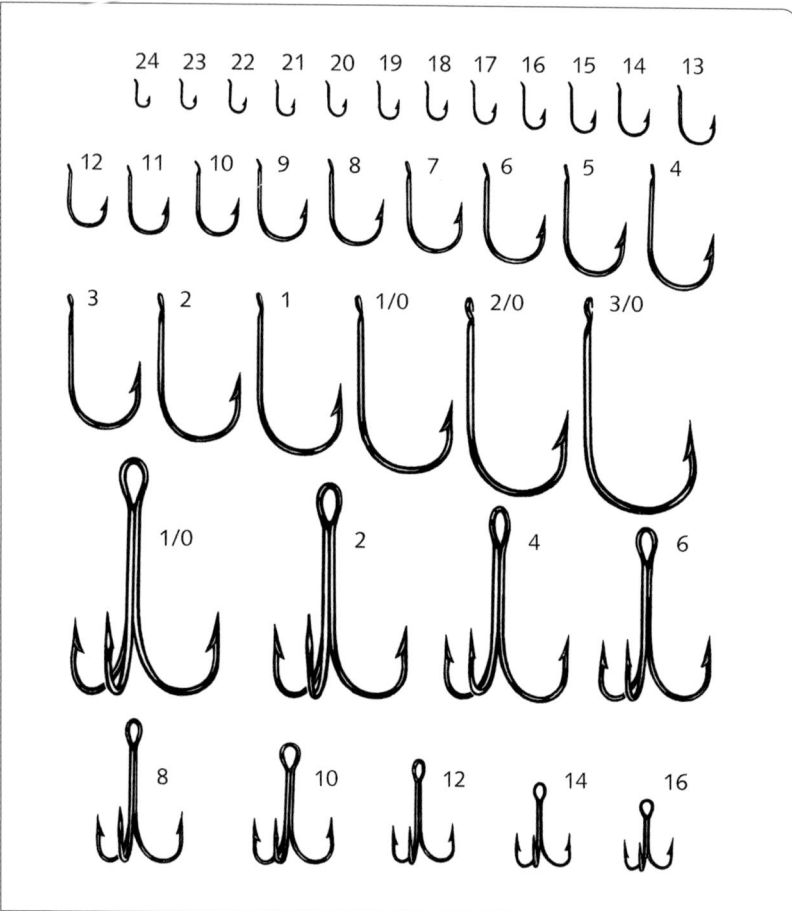

Abb. 21
Größenskala für Ein-
fach- und Drillingsha-
ken nach Redditch im
Maßstab 1 : 1, das
sogenannte „alte
Nummernsystem"

der Haken ist. Ein 18er Normalhaken hat etwa eine Schenkellänge von 5 mm. Ein gleiches Modell der Größe 1 hat etwa 25 mm Schenkellänge. Um aber nun auch größere Haken kenntlich zu machen, wird die Größenordnungsskala mit einer Null kombiniert. Haken, die größer als 1 sind, werden demnach mit 1/0, 2/0, 3/0 usw. bezeichnet.

Sicher – übersichtlich ist dieses System für den Anfänger zunächst bestimmt nicht, aber würde es etwas Besseres geben, hätte es sich international bestimmt durchgesetzt.

Um den Hakengrößenwirrwarr etwas aufzuhellen, sei auf die Numerierungsskala in Abbildung 21 verwiesen.

Köder. Die Grundangelköder sind – wie auch die anderen Köder – Bestandteil der Angel. Sie müssen also, wenn man der Einteilung dieses Buches in Angel*technik* und Angel*taktik* folgt, konsequenterweise im Abschnitt zur Technik behandelt werden. Grundangelköder werden in natürliche und künstliche eingeteilt.

(1) Natürliche Grundangelköder. Sie gibt es in Hülle und Fülle. Wer einmal aufmerksam den Mageninhalt gefangener Fische betrachtet, der wird erstaunt sein, was alles von ihnen gefressen wird! Ein Angler, der über Ködermangel klagt, ist einfallslos. Bei Verwendung tierischer Köder – eingeschlossen Insekten – müssen etwaige Naturschutzbestimmungen peinlich genau eingehalten werden!

Nachfolgend wird eine Mindestauswahl bewährter pflanzlicher und tierischer Grundangelköder vorgestellt, und es werden, soweit erforderlich, kurze Hinweise zu Beschaffung, Herstellung bzw. Vorbereitung dieser Köder gegeben. Welcher Köder wann zu empfehlen ist, wird weiter unten behandelt.

Pflanzliche Köder

– *Brot* ist ein universeller Friedfischköder. Besonders bewährt sich eine aus einer Weißbrotscheibe gebrochene „Brotflocke", die schwimmend angeboten wird. Sind Würfe erforderlich, nimmt man ein Stück Brot mit Rinde. Damit der Haken nicht ausreißt, wird er durch die Rinde geführt.

– *Teig* gilt als sicherer Friedfischköder für alle Jahreszeiten. Rezepturen gibt es Hunderte. Hier zwei Anregungen:

1. Drei gekochte, zerstampfte Kartoffeln werden mit einem Esslöffel Grieß und etwas Weizenmehl gut gemischt und zu einer Kugel geknetet. Anschließend wird ein Teelöffel Honig oder Sirup untergemischt. Wer will, kann noch etwas „streng" riechenden Käse einkneten.

2. Eine Scheibe Weißbrot ohne Rinde wird im Wasser aufgeweicht und dann mit Zucker, einem Eßlöffel Kartoffelstärke und etwas Weizenmehl bestreut. Das ganze wird so lange geknetet, bis eine nicht mehr klebende, weiche Masse entsteht.

Aus Weißbrot oder Brötchen gekneteter Teig ohne jeden Zusatz hat sich ebenfalls bewährt.

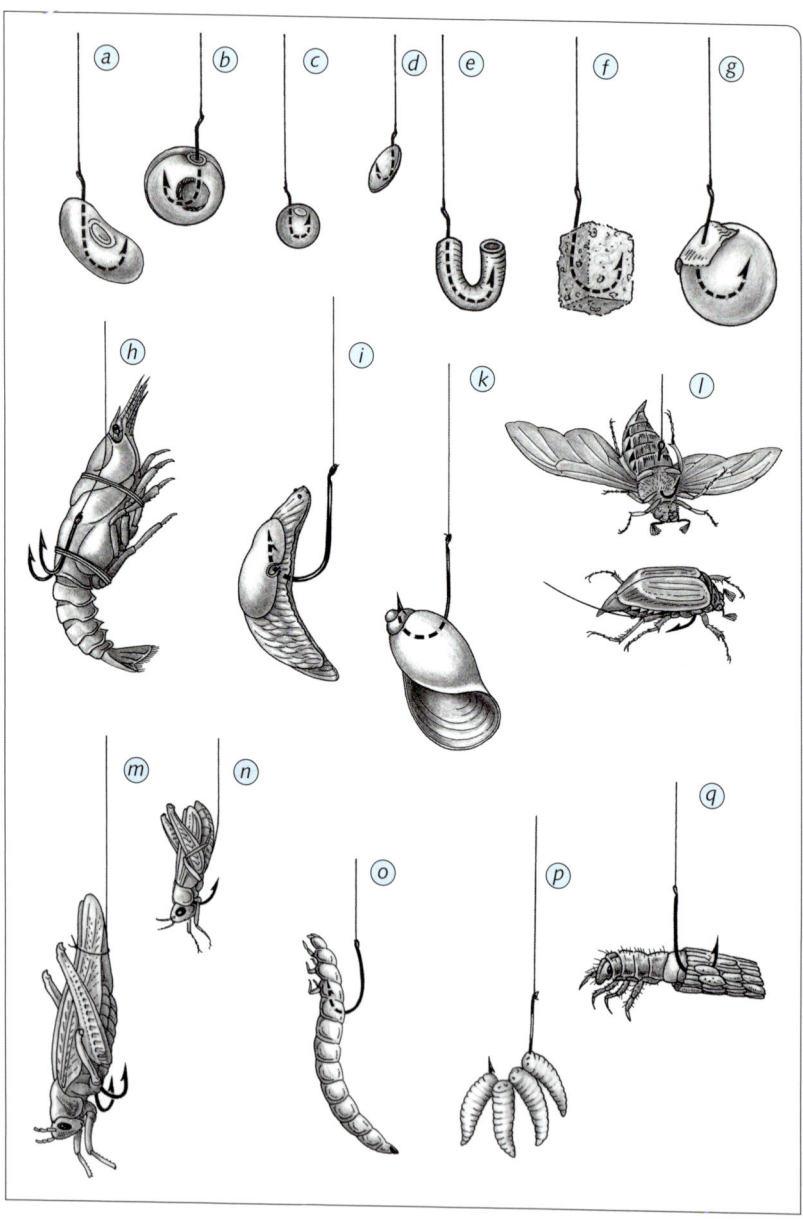

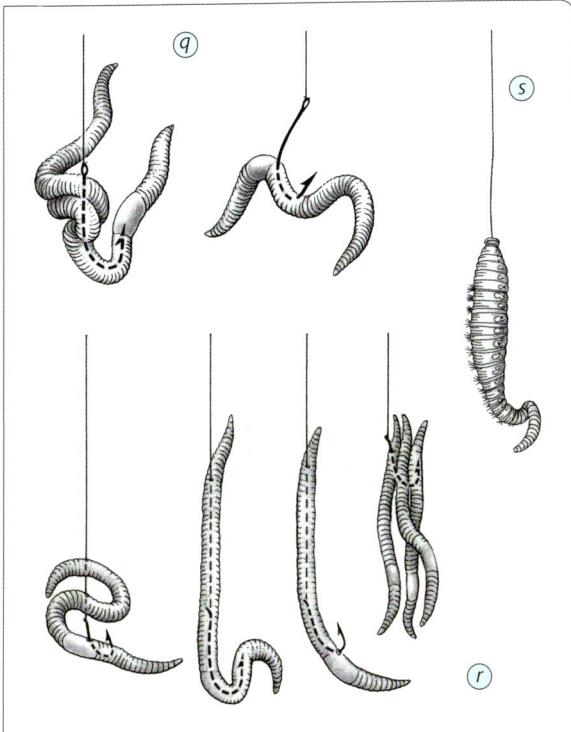

Abb. 22
Köder und ihre Befestigung am Haken:
a) Bohne; b) Kirsche;
c) Erbse; d) Getreidekorn; e) Nudel;
f) Brotwürfel; g) Kartoffel; h) toter Krebs
(ohne Scheren);
i) Nacktschnecke;
j) Gehäuseschnecke
(Gehäuse leicht eindrücken); l) Maikäfer;
m) Heuschrecken;
n) Mehlwurm;
o) Madenbündel;
p) Köcherfliegenlarve
(Sprock) mit teilweise
entferntem Gehäuse;
q) Tauwürmer; r) Rotwürmer; s) Wattwurm

– Kartoffeln werden von allen Cypriniden bevorzugt. Anstelle der meist sehr zerkochten Salzkartoffeln sollten möglichst kleine, wenig „mehlige" Pellkartoffeln den Vorrang haben. Je nach Hakengröße werden mit einem Messer die benötigten Kartoffelstückchen zugeschnitten.

– *Erbsen und Bohnen* sind ausgezeichnete Friedfischköder nahezu das ganze Jahr über. Nach mehrstündigem Einweichen werden sie weichgekocht (nicht matschig!). Man kann die unbehandelten Erbsen und Bohnen auch in eine Thermosflasche geben, mit kochendem Wasser übergießen und für mehrere Stunden fest verschließen. Danach lassen sie sich zwischen Daumen und Zeigefinger unter leichtem Druck zerquetschen. *Achtung:* Thermosflasche nur maximal bis zu einem Drittel mit den Hülsenfrüchten füllen und nur so viel Wasser aufgießen,

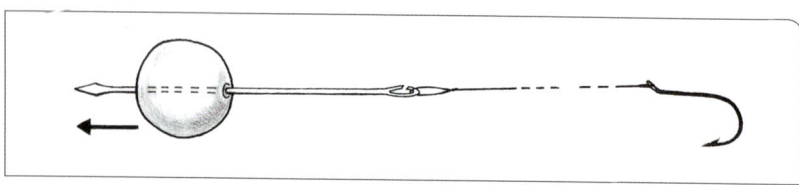

Abb. 23 Ködernadel – Anködern einer Kartoffel

Weizen quillt bis zur dreifachen Größe des Trockenkorns auf und ist dann richtig, wenn die Schale leicht aufplatzt.

Die Beere der Eberesche wird so angeködert, dass die Hakenspitze seitlich hervorsteht. Sonst fasst beim Anschlag der Haken nicht

dass noch etwa ein Drittel des Flaschenvolumens als Aufquellraum übrigbleibt. Gleichermaßen kann man auch mit *Hanf, Weizen* und *Mais* verfahren, die ebenfalls sehr gute Köder sind.

– *Kirschen, kleine Pflaumen, verschiedenes Beerenobst* werden vom Döbel während der Sommermonate auch dort genommen, wo diese Früchte den Fischen unbekannt sind. Wo jedoch derartiges Obst am Wasser vorkommt, spezialisieren sich auch andere Arten auf die regelmäßig ins Wasser fallenden Früchte.

– *Fadenalgen* sind bei uns noch wenig bekannt, aber wirksam bei verschiedenen Friedfischen, insbesondere der Plötze: Als Köder wird eine streichholzlange, dünne Algensträhne regelrecht um den Haken gewunden. Fadenalgen wachsen im Sommerhalbjahr oft in Massen an Steinen, Holz und anderen in fließenden Gewässern liegenden Gegenständen.

Tierische Köder

- *Regenwürmer* sind zu allen Jahreszeiten bei den Fischen gefragt. Insbesondere der in Komposthaufen oft massenhaft vorkommende kleine Rotwurm und der nachts aus feuchtem Erdreich an die Oberfläche kriechende Tauwurm stehen hoch im Kurs. Rotwürmer kann man durch Umstechen der Komposterde gewinnen, während Tauwürmer nachts mit der Taschenlampe in Parks, Gartenanlagen und auf kurzgeschnittenen Rasenflächen gesucht werden. Äußerste Vorsicht ist geboten, da Tauwürmer bei leisesten Erschütterungen des Erdreichs blitzschnell in ihre Erdröhre flüchten.
- *Muschel- und Schneckenfleisch* sind ausgezeichnete Aalköder, werden aber auch von Barschen und vielen Karpfenfischen gern genommen.

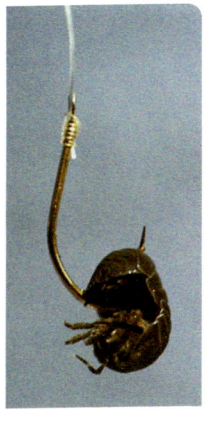

- *Krebse*, die sich im Juni/Juli im Häutungsstadium befinden, sogenannte „Mieterkrebse, Butterkrebse", sind sehr gute Köder für große Aale. Abgelöste Krebsschwänze werden aber auch von zahlreichen anderen Fischarten mit Vorliebe genommen. *Achtung:* Nicht alle Krebsarten dürfen als Angelköder verwendet werden! Außerdem gelten Krebse mancherorts als Raubfischköder.

Und so wird die Kellerassel am Haken befestigt. Auch hier muss die Hakenspitze frei sein.

- *Fische und Fischstücke* werden meist räuberischen Arten wie Hecht, Zander, Barsch, Aal, Quappe u. a. angeboten. Der Fang dieser Köder erfolgt gewöhnlich mit der feinen Grundangel oder mit der Senke. *Achtung:* Unbedingt die besonderen Regelungen hinsichtlich der Verwendung dieser Köder genau beachten!
- *Fleischmaden* gelten als Universalköder für Friedfische; sie werden insbesondere beim feinen Posenangeln verwendet. Fleischmaden sind die Larven der Schmeißfliege, die sich in der warmen Jahreszeit massenhaft an frei ausgelegten, für die Fliegen zugänglichen Fleisch- und Fischresten entwickeln. Die Maden werden vor dem Angeln in trockenem feinem Sand oder Sägemehl gereinigt und wieder ausgesiebt. Sie sind dann trocken und können am dünndrähtigen Haken bequem angeködert werden. Wer Fleischmaden verwendet, sollte wegen der Infektionsgefahr keinerlei Wunden an den Händen haben. Meine Meinung: Der Umgang mit Fleischmaden ist und bleibt eine ekelerregende Angelegenheit!

– *Mehlwürmer* sind Larven des Mehlkäfers. Sie werden ebenfalls als Universalköder für alle Friedfischarten verwendet und sind in Zoofachhandlungen erhältlich.

– *Käfer* verschiedenster Art werden von nahezu allen Fischen genommen. Schwimmend, aber auch unter Wasser angeboten, sind Käfer vortreffliche Universalköder.

> **Achtung!** Wer mit tierischen Ködern angelt, muss sorgsam darauf achten, dass keine geschützten Tiere verwendet werden.

– *Heuschrecken* sind hervorragende Sommer- und Frühherbstköder. Schwimmend am feindrähtigen Haken präsentiert, sind sie in der Regel unschlagbar. Gesammelte Heuschrecken sperrt man in eine verschließbare, mit Luftlöchern versehene Plastikflasche und lässt sie nach Bedarf einzeln aus der Flaschenöffnung kriechen, wo sie bequem gefaßt werden können, ohne dass sie auf und davon springen.

– *Sprock* ist einer der besten Universalköder und zudem in vielen Gewässern ohne Probleme massenhaft zu sammeln. Unter Sprock versteht der Angler die Larven verschiedener Köcherfliegen. Diese Larven bauen sich aus Steinchen, Holzstückchen, Schilfresten und sonstigem Baumaterial einen zwei bis über drei Zentimeter langen röhrenartigen

Garnelen – auch aus der Tiefkühltruhe – sind Topköder für das Süß- und Salzwasserangeln auf zahlreiche Fischarten.

Schutzköcher, in dem sie leben und sich am Gewässergrund bewegen. Ein leichter Druck mit Daumen und Zeigefinger auf das dünne Köcherende treibt die Larve auf der anderen Seite heraus. Am dünndrähtigen Haken werden bis zu zwei Larven angeboten.

– *Käse* ist während der kalten Jahreszeit vielfach gefragt. Besonders Schmelzkäse ist als guter Eisangelköder bekannt, doch nehmen Karpfen und Barben auch während des Sommers Schnittkäsewürfel, die vor dem Angeln ein paar Stunden in Milch „aufgeweicht" werden sollten.

(2) Künstliche Grundangelköder. Sie spielen bei uns, gemessen an den natürlichen Ködern, zwar eine untergeordnete Rolle, sollen hier aber dennoch erwähnt werden.

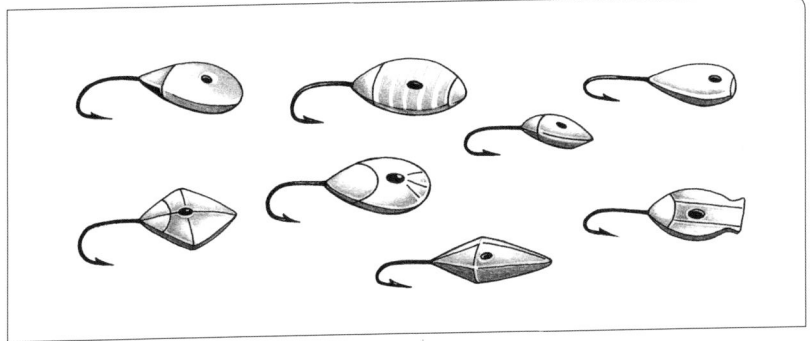

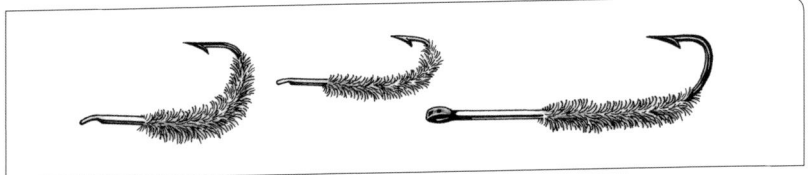

– Die *Mormyschka* ist ein Miniaturköder, bestehend aus einem Einfachhaken, an dessen Ende ein Tropfen Lötzinn oder Blei befestigt ist. Von ihrem Aufbau und ihrer Führung her ist die Mormyschka alles andere als ein Grundangelköder, nämlich ein Miniaturpilker. Trotzdem wird dieser Kunstköder, soweit er nicht eine bestimmte Größe überschreitet, als Friedfischköder betrachtet. Die 0,2 bis 2,0 g schweren Köder werden über den Gewässergrund und sonstigen aussichtsreichen Gewässerschichten „zitternd" geführt, d.h. in nur zentimeterlangen Auf- und Abwärtsbewegungen. Die metallisch glänzenden, z. T. auch farbig gestalteten Mormyschkakörper täuschen ein sich im Wasser bewegendes Futtertierchen vor. Die in Russland und auch in Skandinavien und Kanada weitverbreitete Mormyschka – dort übrigens überwiegend beim Eisangeln eingesetzt – kann zu allen Jahreszeiten erfolgreich angeboten werden. Es ist möglich, die Mormyschka zusätzlich zu beködern, was unter bestimmten Voraussetzungen von großem Nutzen sein kann.

– Ein weiterer künstlicher Grundangelköder ist der mit Chemiefasern *beflockte Angelhaken*. Hierbei handelt es sich um einen Haken, um dessen Schaft und Bogen rote,

Oben: Abb. 24
Typen der Mormyschka

Unten: Abb. 25
Beflockte Angelhaken

weiße, braune und andersfarbige bürstenartige Kunstfasern befestigt sind. Die madenartig geformten Kunstfasern sind eine recht überzeugende Imitation, so dass mit diesen Haken vielfach ohne Zusatzbeköderung geangelt werden kann.

– Schließlich gibt es eine Reihe von *Weichplastikködern*, die, soweit sie an der Grundangel angeboten werden, als künstliche Grundangelköder gelten.

Sonstige Gerätschaften und Zubehör. Hier wird in aller Kürze sowohl unbedingt notwendiges Gerät und Zubehör vorgestellt wie auch solches, auf das man zwar verzichten könnte, es jedoch nicht tun sollte, da es das anglerische Tun in der Regel angenehmer macht.

Zum Transport und zur zugriffssicheren Unterbringung aller beim Grundangeln benötigten Dinge eignet sich am besten ein Rucksack oder eine Umhängetasche. Größe und Gestaltung sollten nicht zu bescheiden gewählt werden, da man zum zünftigen Angelausflug doch erstaunlich viel zu transportieren hat. Wenn *Rucksack* oder *Umhängetasche* möglichst viele Fächer und Einzeltaschen haben, so kann man seine Gerätschaften und sonstigen Dinge übersichtlich nach „Sachgebieten" unterbringen. Nichts ist schlimmer, als wenn im Rucksack Chaos herrscht, man nichts findet und die wertvolle Angelzeit mit Suchen und Kramen verkürzt. Zur übersichtlichen Unterbringung des Geräts und Zubehörs benötigt man geeignete *Behältnisse*. Ob man sich für Schachteln, Dosen oder ähnliches entscheidet, mag jeder selbst klären. Wichtig ist nur, dass die Behältnisse dicht und nicht zu bruchempfindlich sind. Das gilt auch für Köderbehältnisse.

> Gut gewähltes Zubehör in ebenso gut gewählten Behältnissen ist mitentscheidend, ob das Angeln zum Genuß oder zum Streß wird.

Angelruten werden in der Regel zwar in Futteralen geliefert, doch lassen diese oft zu wünschen übrig. Ein *Rutenfutteral* muss der Rute primär Schutz bieten. Deshalb sollte es aus derbem Segeltuch oder Jagdleinen bestehen, für jedes Rutenteil ein gesondertes Fach haben, um ein Aneinanderscheuern einzelner Rutenteile zu verhindern, und an den Enden mit weichem Lederbesatz verstärkt werden, denn gerade hier wird das Futteral am ehesten durchgescheuert. Hochwertige Ruten rechtfertigen auch Futteralrohre aus Leichtmetall oder Kunststoff.

Da gehakte Fische – abgesehen von den kleineren Exemplaren – in der Regel nicht ausgehoben werden, benötigt der Angler ein sogenanntes *Landegerät*. Für den Grundangler ist ein Kescher mit nicht zu kleiner Öffnung (etwa 50 cm Durchmesser), tiefem Netzbeutel (60 bis 70 cm) und mindestens 1,20 m langem Stiel am ehesten zu empfehlen.

Erwähnt sei auch das *Gaff*, das vor allem der Landung kapitaler Fische dient. Das Gaff ist und bleibt problematisch, weil ein damit zu landender Fisch immer starke Verletzungen erfährt. Die Anwendung dieses Gerätes sollte wirklich die Ausnahme für kapitale Fische sein, für die ein Kescher einfach nicht geeignet ist.

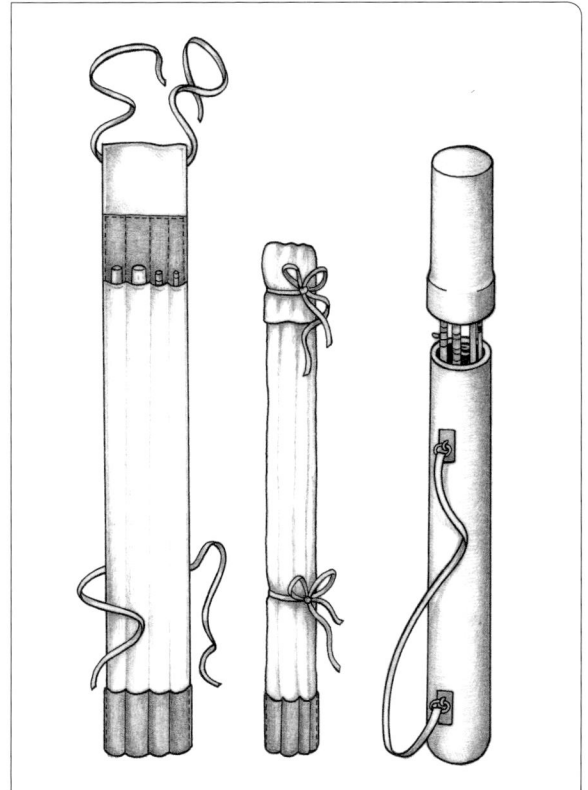

Abb. 26
Rutenfutterale

Abb. 27
Landegeräte;
a) Klappkescher,
aufgeklappt; b) Gaff;
c) Watkescher

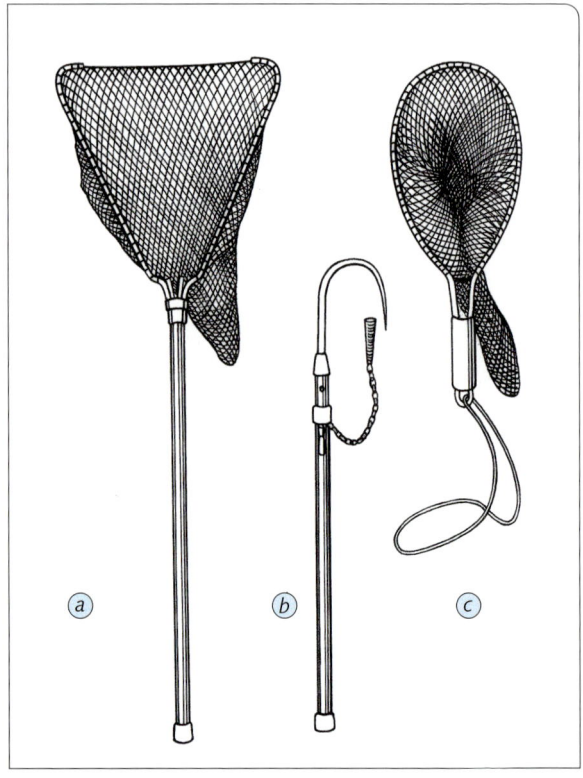

Ⓐ   Ⓑ   Ⓒ

Achtung!   Die Verwendung des Setzkeschers ist in Deutschland noch immer nicht eindeutig geregelt.

Gefangene Fische werden gewöhnlich nach dem Fang nicht gleich getötet, sondern in einem *Setzkescher*, der ins Wasser gehängt wird, lebend gehältert. Es gibt Setzkescher aus Netzmaterial und sogenannte Drahtsetzkescher. Der Setzkescher – möglichst aus knotenlosem Material – erweist sich für die zu hälternden Fische um so schonender, je tiefer er ist und je größer sein Durchmesser gewählt wird; er ist dem Drahtsetzkescher, der nur der Hälterung von Aalen dienen sollte, vorzuziehen. Zu beachten ist, dass der Gebrauch des Setzkeschers aus Tierschutzgründen nicht überall gestattet ist. Ob solche Verbote allerdings wirklich sinnvoll sind, insbesondere

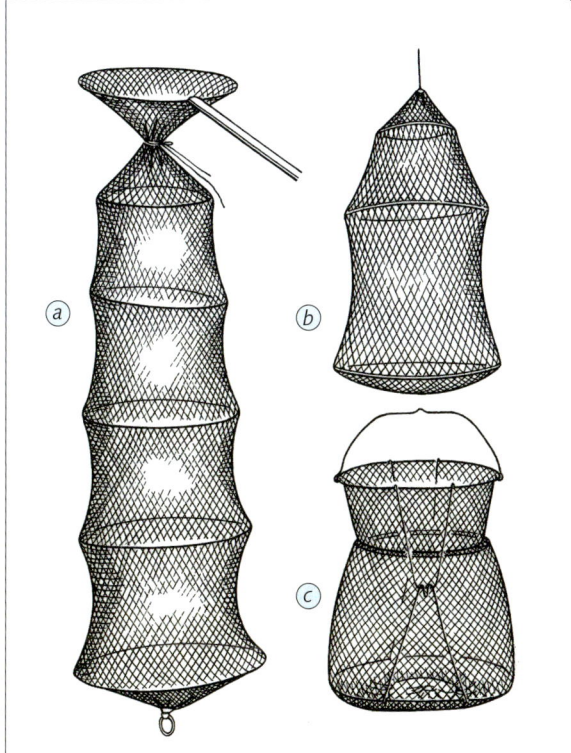

Abb. 28
Netzsetzkescher (a, b)
und
Drahtsetzkescher(c)

bei Verwendung hinreichend großer Setzkescher, mag
fraglich bleiben.

An weiteren Kleingeräten (Abb. 29) werden ein *Grundsucher* (auch Lotblei genannt) zur Feststellung der Gewässertiefe, ein *Hakenlöser* – noch besser eine medizinische
Arterienklemme – zur vorsichtigen Entfernung tiefsitzen-
der Angelhaken, eine *Ködernadel*, vorgebundene *Schnurstopper*, *Wirbel*, *Einhänger* und ein *Schnurfetter* mit einer
Tube *Schnurfett* benötigt.

Schließlich sollte zu jeder Angelausrüstung ein Taschen-
messer, eine Flach- oder Spitzzange, einige Meter feste
Schnur und natürlich ein wohlüberlegter Ersatzvorrat an
Haken, Bleien, Posen und Angelschnüren gehören. Dass
zu einem Angelausflug auch eine zweckmäßige Beklei-

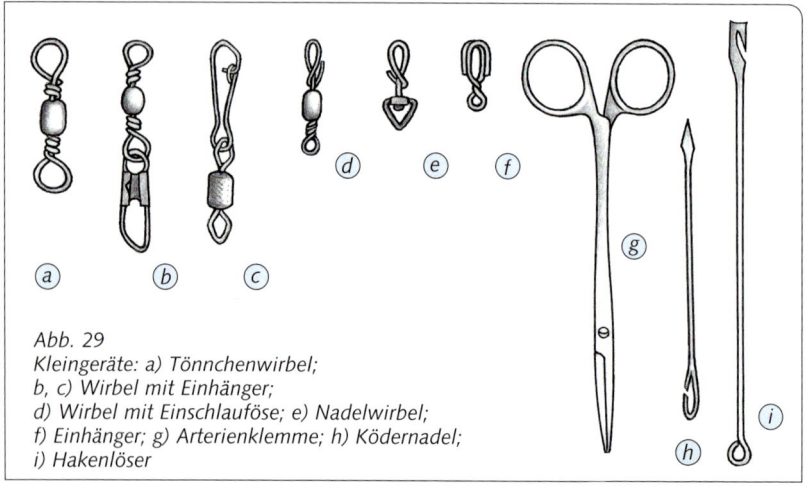

Abb. 29
Kleingeräte: a) Tönnchenwirbel;
b, c) Wirbel mit Einhänger;
d) Wirbel mit Einschlauföse; e) Nadelwirbel;
f) Einhänger; g) Arterienklemme; h) Ködernadel;
i) Hakenlöser

dung einschließlich Regenschutzbekleidung gehört ist selbstverständlich.

Gerätezusammenstellung

Das Grundangelgerät muss unter der Sicht der zu erwartenden Fische in seinen einzelnen Bestandteilen richtig aufeinander abgestimmt sein, und es muss weiterhin sachgerecht miteinander verbunden werden. Beides gehört zur Zusammenstellung eines fangsicheren Angelgerätes, ohne das eine erfolgreiche Fischweid nicht zu erwarten ist.

> Die besten Angelgeräte versagen, wenn sie nicht harmonisch aufeinander abgestimmt sind.

Abgesehen von Spezialgeräten unterscheidet man:
(1) Das leichte Grundangelgerät
Rute: leichte Rute in Hohlbauweise von 4 bis 6 m mit weicher Spitze, meist unberingt, doch kann auch eine beringte Rute verwendet werden
Rolle: nur bei Verwendung beringter Rute, dann möglichst mit leichter Stationärrolle
Schnur: monofile Schnur, 0,15-0,20 mm Durchmesser mit Tragkraft von 1,5-3,0 kg
Pose: feststehende schlanke leichte Pose bis etwa 2 Gramm Tragkraft (Federkielpose, Stachelschweinpose)

Blei: Spaltschrote oder Torpilloblei
Vorfach: 30 bis 50 cm lange monofile Schnur, 0,05 mm
schwächer als Hauptschnur
Haken: Italienerhaken, Limerickhaken, dünndrähtig in den
Größen 14–18 mit Plättchen
Bemerkung: Wird mit beringter Rute und Rolle geangelt,
darauf achten, dass möglichst Rute mit weiten Ringen verwendet wird, da sonst die nasse Schnur oft lästig zwischen
den Ringen an der Rute „klebt". Beim Fischen in größeren
Tiefen kann auch eine entsprechend leichte Gleitpose verwendet werden.
   Bei rollenloser Grundangel sollten Schnur und Vorfach
zusammen 30–50 cm kürzer sein als die Rute.

(2) Das mittlere Grundangelgerät
Rute: beringte 3–6 m lange Rute in Hohlbauweise mit
etwas kräftigerer Spitze
Rolle: mittlere Stationärrolle
Schnur: monofile Schnur, 0,20–0,28 mm Durchmesser mit
Tragkraft von 2,5–5,0 kg; Rollenspule fast randvoll gefüllt,
mindestens jedoch 60–80 m Schnurlänge
Pose: feststehende schlanke Pose oder entsprechende
Gleitpose bis zu 5 Gramm Tragkraft; *Variante:* ohne Pose
Blei: Spaltschrote oder Torpilloblei; *Variante:* Grundblei mit
Außenschnurführung oder am Seitenarm montiert
Vorfach: 50–80 cm lange monofile Schnur, um 0,05 mm
schwächer als Hauptschnur
Haken: Italienerhaken, Limerickhaken mit mittellangem
Schenkel in den Größen 8–12.

(3) Das schwere Grundangelgerät
Rute: beringte kräftige Hohlglasrute von 3–6 m Länge
oder Wurfrute über 2,60 m Länge mit entsprechend harter
Aktion
Rolle: mittlere bis schwere Stationärrolle
Schnur: monofile Schnur, 0,30–0,40 mm Durchmesser mit
Tragkraft von mehr als 5,0 kg; Rollenspule fast randvoll
gefüllt, mindestens jedoch 100–150 m Länge
Pose: feststehende schlanke Pose, überwiegend jedoch
entsprechende Gleitpose bis 15 g Tragkraft; *Variante:*
ohne Pose
Blei: Spaltschrote, Lochkugel oder Bleiolive, auch kombi-

niert; *Variante:* Grundblei mit Außenschnurführung oder am Seitenarm montiert

Vorfach: 60–100 cm lange monofile Schnur, um 0,05 mm schwächer als Hauptschnur; *Variante:* ohne Vorfach, Hauptschnur verläuft bis vor zum Haken

Haken: starke Draht- oder Flachstahlhaken der Größen 3/0-6 mit Plättchen oder Öhr.

(4) Köderfischangel
Rute, Rolle, Schnur: wie unter 3.

Pose: starke, etwa 15–20 g tragende Pose, je nach Gewässerbedingungen feststehend oder als Gleitmodell

Blei: Lochkugel oder Bleiolive; Gewicht ist so zu wählen, dass der Köder in der gewählten Gewässertiefe gehalten wird, also nicht nach oben treiben kann

Vorfach: 50–80 cm langes Stück monofile Schnur in der Stärke der Hauptschnur, in besonderen Fällen bis 0,10 mm stärker als Hauptschnur (hindernisreiches Gewässer, zu erwartende starke Fische); Vorfach und Hauptschnur mit Wirbel verbinden; Stahl- oder Wolframvorfächer möglichst meiden, nur bei starken Hechten

Haken: Drillingshaken der Größen 2/0–4 bei Rückenköderung; Einfachhaken der Größen 4/0–1/0 bei Lippköderung und bei Verwendung von Fischfetzen.

Bemerkung: Der Köderfisch oder Fischfetzen kann auch mittels Grundblei am Gewässergrund „festgelegt" werden; auf eine Pose kann dabei verzichtet werden.

(5) Mormyschka-Eisangel
Rute: kurze Rute (40–50 cm) mit überempfindlicher dünner Spitze, die zusätzlich eine Federdrahtverlängerung und eine Rollen- oder Haspelbrettbefestigung besitzen kann

Rolle: möglichst kleine, einfache Gehäuserolle oder einfaches Haspelbrettchen

Schnur: monofile Schnur, 0,08–0,12 mm Durchmesser mit 0,6–1,0 kg Tragkraft

Haken: sehr scharfe, dünndrähtige Haken der Größen 12–18, die so im Mormyschkakörper befestigt sein müssen, dass zwischen diesen und der Hakenspitze noch genügend Raum bleibt.

Bemerkung: Pose, Blei und Vorfach entfallen bei diesem Gerät, die Angelschnur läuft direkt vor bis zum Köder.

Je nach den Fischarten, die beangelt werden sollen, den konkreten Gewässerbedingungen und nicht zuletzt je nach der subjektiven Einstellung des Anglers können und müssen die angeführten Gerätezusammenstellungen variiert werden. Beim flüchtigen Betrachten gehen dem Anfänger so manche Unterschiede zwischen den einzelnen Grundangelmontagen verloren. Scheinbar nebensächlich, sind sie jedoch von großer Bedeutung für Erfolg oder Misserfolg (vgl. Abb. 30 und 31).

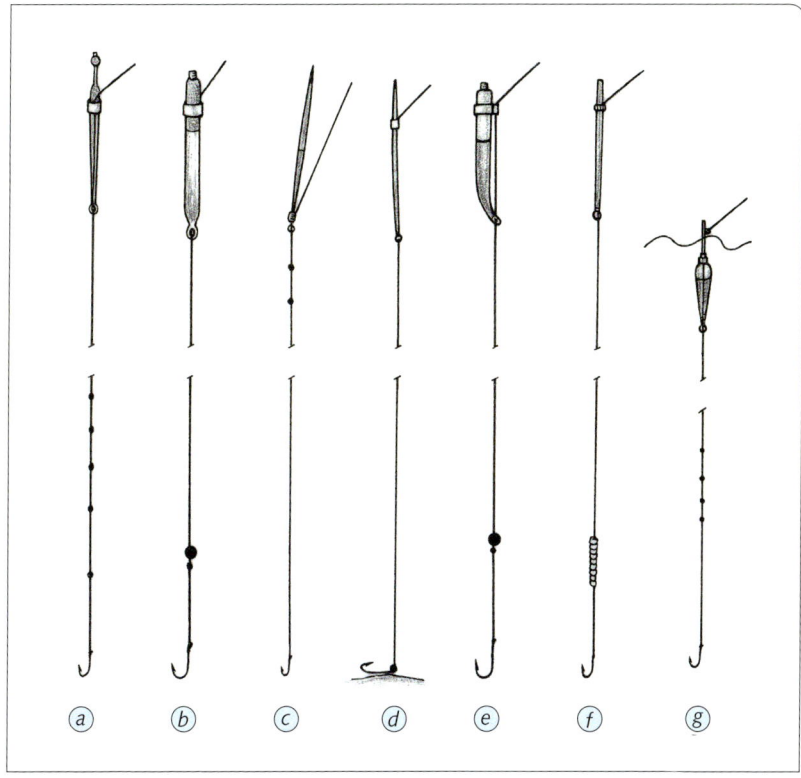

Abb. 30
Grundangelmontagen mit Pose: a) mit Signalpose; b) für tiefe, starkströmende Gewässer; c) für vorsichtig beißende Fische in ruhigem Wasser; d) für Plötzen; e) mit Gleitpose für tiefes Wasser; f) mit Bleidrahtbeschwerung für Hanf und Weizenköder; g) mit sogenannter Sturmpose

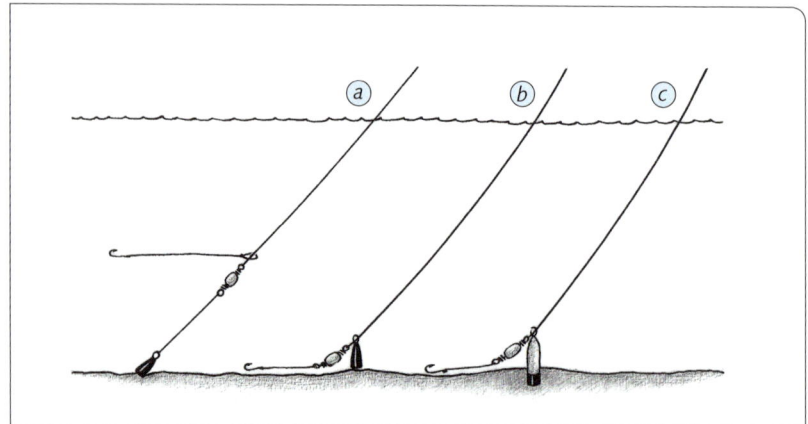

*Abb. 31
Bodenbleimontagen
ohne Pose;
a) am Endarm;
b) auf der Haupt-
schnur; c) Korkblei
für schlammigen
Boden*

Die *sachgerechte Verbindung* der einzelnen Bestandteile eines Grundangelgeräts erfolgt vornehmlich mit Knoten und Schlaufen. Dieses Thema schreckt nach meinen Beobachtungen den Anfänger etwas ab, doch sei gleich klar gesagt, dass dies grundlos ist (Abb. 32).

Der Fragenkomplex der fangsicheren Gerätezusammenstellung ist damit bei weitem nicht erschöpfend behandelt. Hier sollen nur allgemeine Aussagen getroffen werden. Mit zunehmender Erfahrung wird sich jeder Angler ohnehin seinen eigenen Stil erarbeiten und dabei auch so lange experimentieren, bis er die für ihn günstigsten Varianten gefunden hat. Man sollte niemandem mit zu vielen gutgemeinten Ratschlägen das Tüfteln und Mitdenken beim Weiterentwickeln fangsicherer Gerätemontagen abnehmen.

Die Wurftechnik beim Grundangeln

Das Auswerfen der Grundangel muss geräuscharm und zielsicher erfolgen. Wer die Montage ins Wasser einfach „hineinpoltert", der dürfte die Fische für eine Weile in die Flucht geschlagen haben. Eine ähnliche Wirkung wird sich kaum vermeiden lassen, wenn der Angler mehrmals das Ziel verfehlt, sich zwischendurch noch in Uferbäumen verheddert, bevor er mit der Angel eine Seerosenlücke trifft.

Jeder Anfänger ist daher gut beraten, das Auswerfen des Geräts unter den verschiedensten Bedingungen

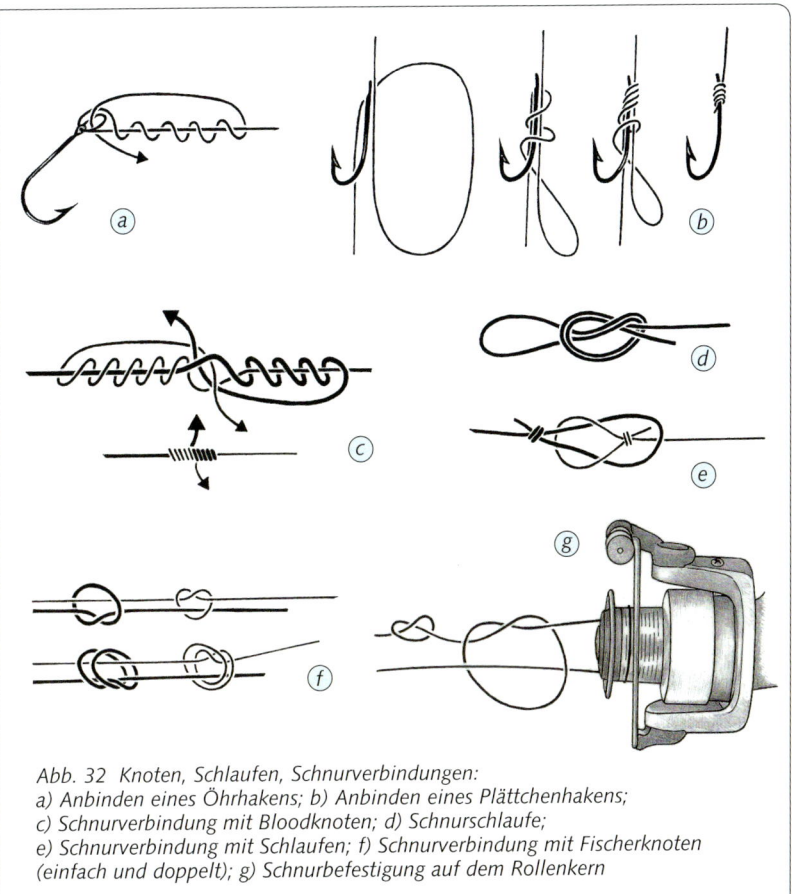

Abb. 32 Knoten, Schlaufen, Schnurverbindungen:
a) Anbinden eines Öhrhakens; b) Anbinden eines Plättchenhakens;
c) Schnurverbindung mit Bloodknoten; d) Schnurschlaufe;
e) Schnurverbindung mit Schlaufen; f) Schnurverbindung mit Fischerknoten
(einfach und doppelt); g) Schnurbefestigung auf dem Rollenkern

gründlich zu üben. Auch dann, wenn man sich schon zu
den Fortgeschrittenen zählen sollte, gilt es in dieser Frage
weiter „am Ball zu bleiben", denn bald wird man so weit
sein, um mit der Spinnrute die ersten Versuche zu unter-
nehmen. Wer die Grundangel sicher wirft – sei es bei
Gegen- oder Seitenwind, sei es zwischen schmalen Lü-
cken im Ufergesträuch hindurch oder unter tiefhängenden
Bäumen –, wird nicht nur unverkrampft und mit Spaß an
der Sache fischen können, sondern schafft sich auch eine

gute Ausgangsbasis für den späteren Umgang mit der Spinnrute.

Unterhandwurf. Er wird angewandt, wenn die rollenlose Friedfischrute benutzt wird.

Ausgangsstellung: Man hält die Rute mit der Wurfhand (im folgenden ist damit die rechte Hand gemeint) recht steil nach oben (etwa in der 11-Uhr-Stellung; man stelle sich dabei ein Zifferblatt vor!). Die linke Hand hält die Montage mit Daumen und Zeigefinger in Höhe der Verbindung Vorfach/ Hauptschnur oder an der Verbleiung fest.

Bewegungsablauf: Die Rute wird in die 10-Uhr-Stellung geneigt und dort gestoppt, während die linke Hand Schnur, Pose, Blei und Haken, die nun nach vorn pendeln, freigibt. Noch bevor sich die Montage senkrecht unter der Rutenspitze befindet, bringt die Wurfhand die Rute zügig, aber nicht ruckartig, bis etwa in die 10.30-Uhr-Stellung. Die vorpendelnde Schnur wird dadurch nach vorn beschleunigt und schwingt weit vor die Rutenspitze auf den Zielpunkt zu. Befindet sich der Haken kurz vor dem Zielpunkt, wird die Rute bis zur 9-Uhr-Stellung gesenkt. Das Tempo, mit dem die Rute gesenkt wird, ist auszuprobieren – es muss so bemessen werden, daß es die auf den Zielpunkt sich zubewegende Montage ganz leicht abbremst.

Wird die Rute schneller gesenkt als die freie Einfallgeschwindigkeit der Montage, so „überholen" das schwerere Blei und die Pose das leichtere Vorfach, verheddern sich vielfach miteinander und fallen laut klatschend ins Wasser. Ein richtig eingeworfenes Gerät darf nur einen schwachen unauffälligen Eintauchring verursachen. Solange man diesen Vorgang noch hören kann, muss man üben!

> Es ist nicht wichtig weit zu werfen; es ist wichtig zielsicher und geräuscharm zu werfen.

Mit der beringten, mit Rolle versehenen Grundangel sanft und sicher zu werfen ist bei Beherrschung des Pendelwurfes und des Bogenwurfes ebenfalls kein Problem. Die Forderung, „sanft" zu werfen, ist wörtlich zu nehmen, denn bei den meisten Grundangelködern sitzt der Haken nicht sehr fest. Ein etwas zu scharfer Wurf genügt, und die Köder fliegen auf und davon oder hängen nicht mehr fest am Haken.

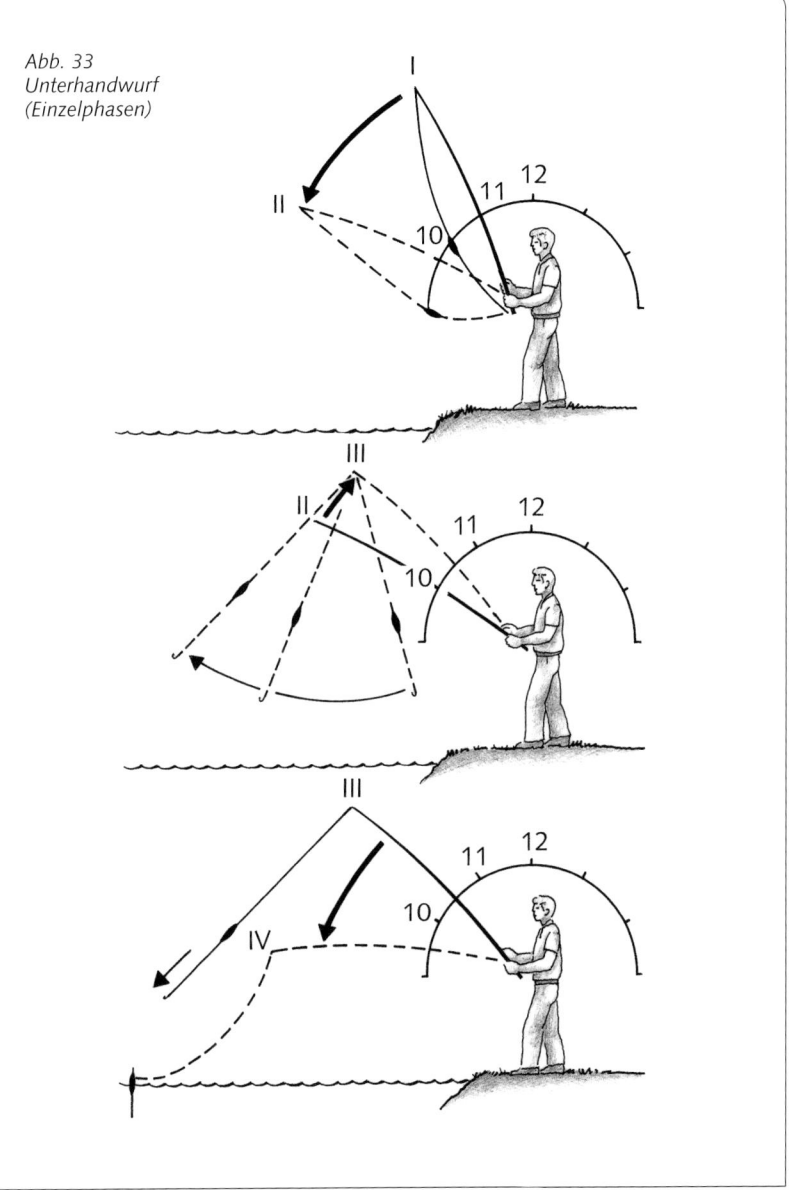

Abb. 33
Unterhandwurf
(Einzelphasen)

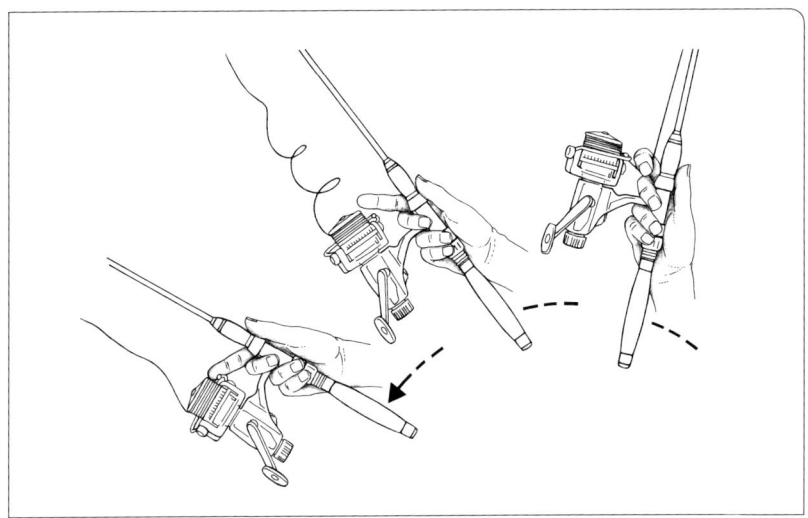

Die Beschreibung der folgenden Würfe bezieht sich auf die Verwendung einer Stationärrolle, mit der nach kurzer Übungszeit auch Anfänger bereits gut zurechtkommen.

Abb. 34
Wurf mit der
Stationärrolle.

Pendelwurf. Er kann mit allen Ruten einhändig und zweihändig ausgeführt werden. Das hängt letztlich zwar von der Muskelkraft des Wurfarmes ab, doch sollte man auf jede „Kraftmeierei" von Anfang an zugunsten einer präzisen Wurfausführung verzichten und lieber zweihändig werfen.

Linke Seite:
Der asiatische
Huchen (Taimen) ist
vorerst nichts für den
Anfänger.

Ausgangsstellung: Die Rute wird seitlich am Körper schräg nach oben gehalten; vor dem Spitzenring befindet sich ein knapp rutenlanges Stück Schnur samt Pose, Blei, Vorfach und Haken. Der Zeigefinger der rechten Hand stoppt die von der Stationärrolle zum Leitring führende Schnur bei geöffnetem Rollenbügel.

Bewegungsablauf: Man bringt die vor dem Spitzenring der Rute befindliche Montage in Pendelbewegung längs zur Wurfrichtung. Nach zwei bis drei Vor- und Rückschwingungen führt man nach Erreichen des weitesten Pendelausschlages nach hinten einen kraftvollen, aber keinesfalls ruckartigen Vorschwung aus. Am Ende des Vorschwunges gibt der Zeigefinger der rechten Hand die

*Abb. 35
Pendelwurf (Prinzip-
darstellung);
a) Durch kleine Auf-
und Abwärtsbewe-
gungen der Rute wird
die vor dem Spitzen-
ring befindliche Mon-
tage in zunehmend
stärker werdende
Schwingungen ver-
setzt; b) Beim stärk-
sten Vorpendeln der
Montage wird die
Schnur freigegeben.*

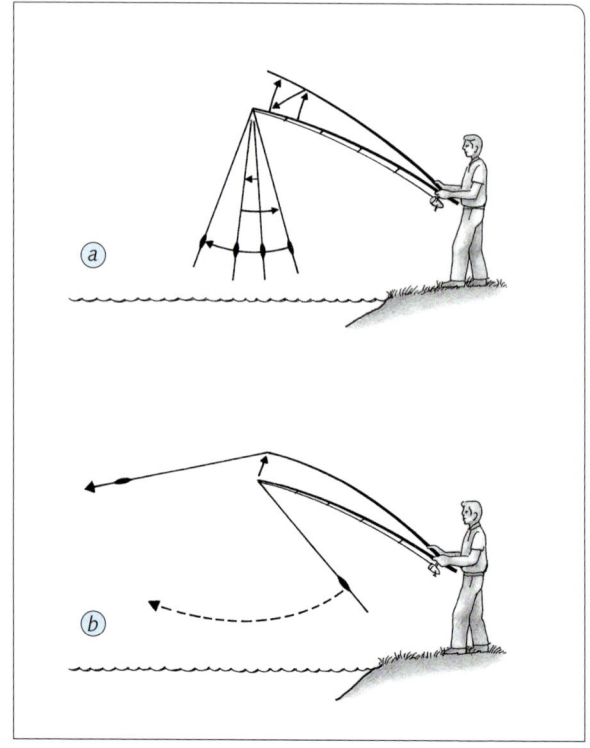

Schnur auf der Stationärrolle frei. Zugleich wird die Rute in Wurfrichtung ausgerichtet, um einen möglichst freien und ungebremsten Schnurabzug von der Rolle durch die Ringe zu gewährleisten.

Bogenwurf. Er wird angewandt bei weiter entfernten Zielen, die mit dem Pendelwurf oft nicht genau zu treffen sind.

Der große Vorteil dieses Wurfes besteht darin, dass es praktisch zwischen den einzelnen Wurfphasen keinen Bewegungsstillstand gibt, sondern das Tempo von Anfang bis Ende gleichmäßig gesteigert wird. Selbst ziemlich weiche und empfindliche Köder überstehen diesen kraftvollen Wurf gut.

Ausgangsstellung: Die Rute ist leicht nach rechts-außen geneigt und zeigt etwa in die 11-Uhr-Stellung, die Schnur

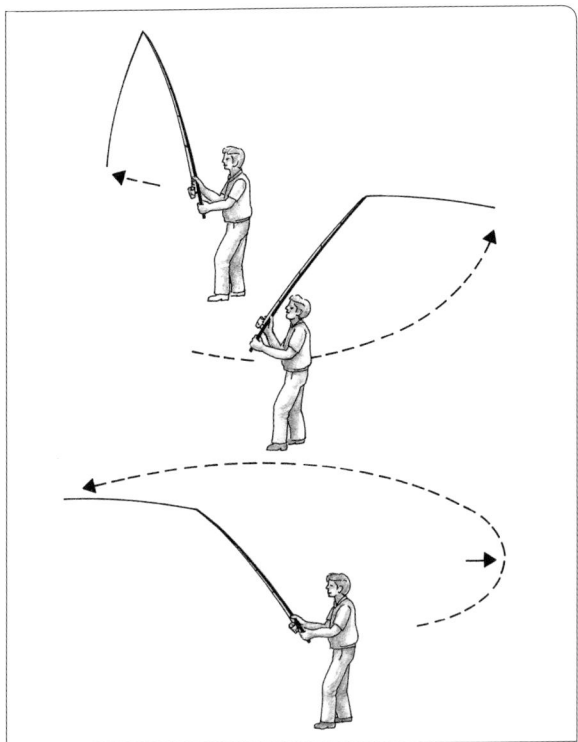

Abb. 36
Bogenwurf
(Prinzipdarstellung)

hängt mit Pose, Blei und Haken in knapp Dreiviertelruten-
länge senkrecht herunter.

Bewegungsablauf: Die Montage wird leicht vorgepen-
delt, dann die Rute zügig nach hinten bis in die 13-Uhr-
Stellung bewegt. Die Schnur pendelt dann rechts-seitlich
am Angler vorbei nach hinten. Kurz bevor sie den hinteren
Totpunkt erreicht hat, wird die Rute kreisbogenartig kraftvoll vorgeschlagen bis etwa in die 10-Uhr-Stellung. Jetzt
wird die Schnur am Spulenrand der Rolle freigegeben.

Entscheidend für das Gelingen dieses Wurfes ist es, dass
Rück- und Vorschwung der Rute pausenlos und im
wahrsten Sinne des Wortes „rund" erfolgen. Für die
Wurfsausführung ist es günstig, wenn sich der Schwerpunkt der Montage möglichst dicht in Hakennähe befindet. Deshalb sollte man stets eine Gleitpose verwenden.

Die einzige Schwierigkeit für Anfänger ist bei diesem Wurf die Freigabe der Schnur zum richtigen Zeitpunkt. Bei verfrühter Schnurfreigabe steigt die Wurfbahn steil an, und das Gerät schlägt laut klatschend auf. Das gilt es zu verhindern. Statt dessen muss die Montage nach der Schnurfreigabe eine flache Wurfbahn beschreiben und an deren Ende weich ins Wasser eintauchen.

Die Taktik des Grundangelns

Nicht ganz ungefährlich ist dieser gewählte Angelplatz, zudem ist der Angler nicht auf Deckung bedacht.

In den nachfolgenden Abschnitten werden die wesentlichsten angeltaktischen Fragen behandelt, die ein Grundangler kennen und beherrschen muss. Es liegt dabei in der Natur der Sache, daß die Darstellung nicht umfassend sein kann.

Angeltaktische Grundfragen
Die erfolgreiche Fischweid beginnt – soweit die gerätetechnischen Voraussetzungen geschaffen sind – mit der *Auswahl und Vorbereitung des Angelplatzes.*

Dies ist deshalb von so zentraler Bedeutung, weil sich hier das taktische Konzept des Grundanglers mit dem Standortverhalten und der Futterreaktion der Fische „treffen" muss.

Auswahl des Angelplatzes. Der Angler muss zunächst die nicht leicht zu erwerbende Fähigkeit besitzen, zu wissen, welche Fischarten unter welchen Bedingungen welche Standorte beziehen, um Nahrung aufzunehmen. Auch wenn die artspezifischen Hinweise zum Standortverhalten und zur Futterreaktion der Fische beachtet werden (vgl. Seiten 155ff.), so gehört doch viel Erfahrung und auch der sprichwörtliche „Fischinstinkt" dazu, den richtigen Angelplatz zu finden.

Leider ist sehr oft festzustellen, dass Positionen, die klar erkennbar als Angel-

stelle bereits von anderen Anglern genutzt worden sind, immer wieder bevorzugt eingenommen werden. Im Vertrauen darauf, dass sich der Vorgänger „schon was dabei gedacht" haben wird, wenn er sich einen bestimmten Platz ausgesucht hat, wählen viele kritiklos die gleiche Stelle, anstatt sich eigene Gedanken zu machen. Wer dort angelt, wo alle angeln, ist oftmals schlecht beraten. Statt dessen sollte man sich ruhig mal durch ein Dornen- oder Brennesseldickicht kämpfen, einen Steilhang hinabklettern oder ein uferseitiges Sumpfgelände – natürlich stets auf eigene Sicherheit bedacht – umgehen, um an erfolgversprechende neue Angelstellen zu kommen. Da der Fisch einem inneren Schutzinstinkt folgt, wird er sich meist an ungestörten, deckungsreichen Gewässerabschnitten aufhalten; und das sind vielfach solche, die für den Angler schwer zugänglich sind. Wer aber die Mühen nicht scheut, dort hinzukommen, wird ungleich bessere Chancen haben, gute Fische zu fangen.

Im Unterschied zum Hecht oder zur Bachforelle, um nur zwei Vertreter typischer Standfische zu nennen, sind die meisten Fischarten, denen der Grundangler nachstellt, Schwarmfische. Diese haben kein bestimmtes Revier, in dem sie sich bevorzugt aufhalten, sondern „pendeln" stromauf oder stromab, stehen weiter draußen oder dicht am Ufer. Sie wählen sich je nach Tageszeit, Lichtverhältnissen, Wetter, Wasserstand, Strömung und Nahrungsangebot den jeweils optimalen Standort.

Ein sicherer Angelsteg im Schilfgürtel ist die beste Wahl für das Angeln auf scheue Fische.

Vorbereitung des Angelplatzes. Hierbei geht es zunächst um das *Anfüttern*: Bestimmte, insbesondere zur Karpfenfamilie gehörende Fischarten, lassen sich durch gezielte Futtergaben an ganz bestimmten Punkten konzentrieren. Sehr günstig ist es, wenn man die Fische an zwei, drei Stellen einige Tage hintereinander anfüttert. Wichtig ist es, darauf zu achten, dass nicht überfüttert wird, denn nicht verbrauchtes Futter säuert und fault schnell und führt dazu, dass die Fische diese Stelle meiden, ganz abgesehen von der damit verbundenen Gewässerverschmutzung. Meist reichen fünf bis sechs angequetschte Pellkartoffeln oder drei bis vier Hände voll gekochter Erbsen, Lupinen, Mais- oder Weizenkörner je Tag völlig aus. Soll in stärkerer Strömung angefüttert werden, so knetet man das Lockfutter in faustgroße Kugeln aus sandigem Lehm unter und versenkt das Ganze an der ausgewählten Stelle. Die Strömung spült nach und nach die Lehmkugeln ab und legt so auch das Lockfutter frei. Der Zeitpunkt des Anfütterns sollte täglich der gleiche sein, denn einer „inneren Uhr" folgend stellen sich die Fische schon nach einigen Fütterungen darauf ein. Man wähle dazu möglichst die lichtschwächeren Randstunden des Tages, denn zu diesen Zeiten zeigen die Fische die intensivsten Futterreaktionen. Dass dies auch für das Angeln ausgenützt werden sollte, ist selbstverständlich.

> Erfolgreiches Angeln beginnt mit sorgsamer Beobachtung und Auswahl des Angelplatzes.

Kann man nicht Tage vorher anfüttern, was ja leider das Normale ist, so muss man gleich nach Ankunft am Angelplatz entsprechendes Lockfutter einwerfen. Hierbei kommt es darauf an, wenig zu füttern, denn wir wollen die Fische ja locken und nicht sättigen! Anderenfalls dürften sie sich kaum noch für den Angelköder interessieren. Dafür muss man aber während des Angelns sparsam nachfüttern, um angelockte Fische an der Angelstelle zu halten.

Ausloten: Zur Vorbereitung des Angelplatzes gehört im weitesten Sinne auch das Feststellen der Gewässertiefe und der Grundbeschaffenheit durch Ausloten. Dazu dient ein spezielles, meist kegelförmiges Bleilot, an dessen Spitze eine Öse befestigt und in dessen Bodenfläche ein Korkstreifen eingelassen ist. Am Haken befestigt, wird mit diesem Lot die gewählte Angelstelle im Umkreis von zwei,

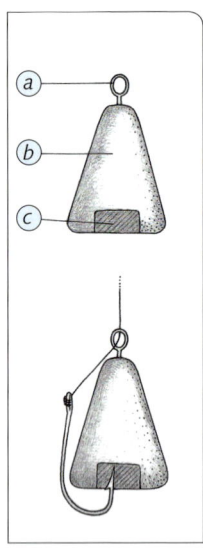

Abb. 37
Lotblei und seine
Befestigung:
a) Öse;
b) Bleikegel;
c) Korkstreifen

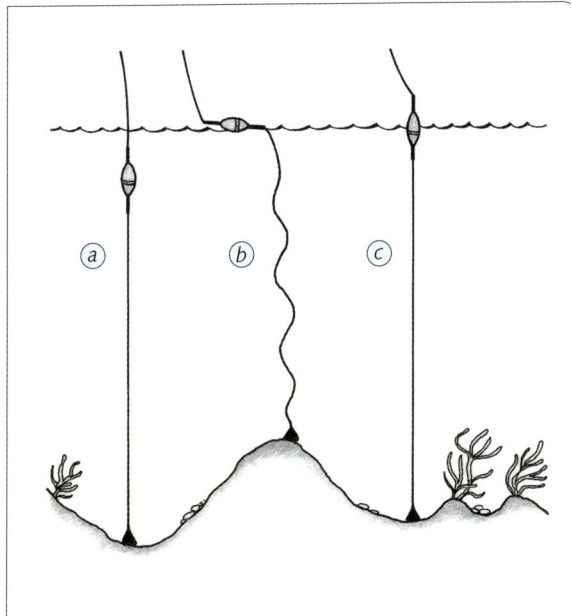

Abb. 38
Ausloten der Gewäs-
sertiefe: Pose zu flach
(a), zu tief (b), richtig
eingestellt (c)

drei Metern auf Tiefe und Grundbeschaffenheit hin abgesucht.

Wie man die Wassertiefe feststellen kann, zeigt Abbildung 38. Was das Sondieren der Grundbeschaffenheit betrifft, so ist etwas Fingerspitzengefühl notwendig, um festzustellen, ob ein weicher (schlammiger), ein harter (kiesiger) oder ein bewachsener Gewässergrund vorliegt. Am besten gelingt das, wenn man das am Grund liegende Lot vorsichtig zur Seite wegzieht. Rutscht das Lot nahezu unbehindert über den Gewässerboden, ist dieser meist hartgründig; wird es leicht gebremst, so liegt es in weichem bis schlammigem Boden. Soll festgestellt werden, ob der Grund des Angelplatzes bewachsen ist, lässt man das Lot zunächst aufliegen, um es dann etwa 10 cm anzuheben und in dieser Position seitlich zu führen. Stößt man mit dem Lot dabei an Wasserpflanzen, so bemerkt man das als deutliches Hemmen oder gar ruckartiges Bremsen der Seitwärtsbewegung. Eine solche Grundsondierung ist allerdings nur bei Verwendung längerer Angelruten oder vom Boot aus möglich.

> Selten wird beim Biss der Anhieb zu spät gesetzt; meist kommt er viel zu früh!

Daumen und Zeigefinger der Kurbelhand fühlen in der zum Bodenblei leicht gespannten Schnur den kleinsten Zupfer

Anbiss. Wenn ein Fisch den angebotenen Köder aufnimmt, spricht der Angler vom Anbiss. Genaugenommen ist dieser Begriff unkorrekt, denn der Fisch „beißt" ja nicht, sehen wir einmal vom Hecht oder Zander ab, die ihre Beute mit den Zähnen schnappen, sie dann aber mit den Zähnen nicht „zerbeißen", sondern als Ganzes verschlingen. Vielmehr saugen die Fische ihre Nahrung zusammen mit dem wieder durch die Kiemendeckel entweichenden Wasser in die Mundhöhle hinein. Dass dem vielfach ein „Herumnippeln" am Köder vorausgeht, womit der Fisch dessen Genießbarkeit überprüft, ist eine andere Sache.

Nicht ganz einfach ist die Bestimmung des Zeitpunktes, zu dem vermutlich der beköderte Haken vom Fisch voll aufgenommen wird, denn davon hängt der wirksame Anhieb ab.

Anhieb. Der Anhieb, auch Anschlag genannt, besteht aus einem wohldosierten Ruck mit der Rutenspitze mit dem Ziel, über Hauptschnur und Vorfach eine solche Energie auf den Haken zu übertragen, daß dieser ruckartig ins Fischmaul getrieben wird.

Meine Erfahrungen bestätigten immer wieder, dass der Anhieb selten zu spät, dafür aber sehr oft verfrüht gesetzt wird. Insbesondere der Anfänger schlägt verfrüht an, da er aus einem Erwartungsdruck heraus die Nerven verliert, wenn die Pose in Bewegung gerät. Ein verfrühter Anhieb, bei dem dem Fisch der Köder vor dem Maul oder gar zwischen den Kiefern weggerissen wird, vergrämt ihn meist. Hat dazu noch der Haken kurz gefaßt, so ist ein solcher Fisch – und meist auch seine Schwarmgenossen – oft für Stunden oder gar Tage gewarnt. Wer zu früh anschlägt, „erzieht sich die Fische zur Vorsicht"! Verspätet kann der Anhieb im Prinzip nur dann kommen, wenn der Köder vom Fisch – gleich aus welchem Grund – wieder ausgespuckt wurde. In diesen Fällen wird derselbe Fisch einem erneut angebotenen Köder allgemein ohne Argwohn begegnen.

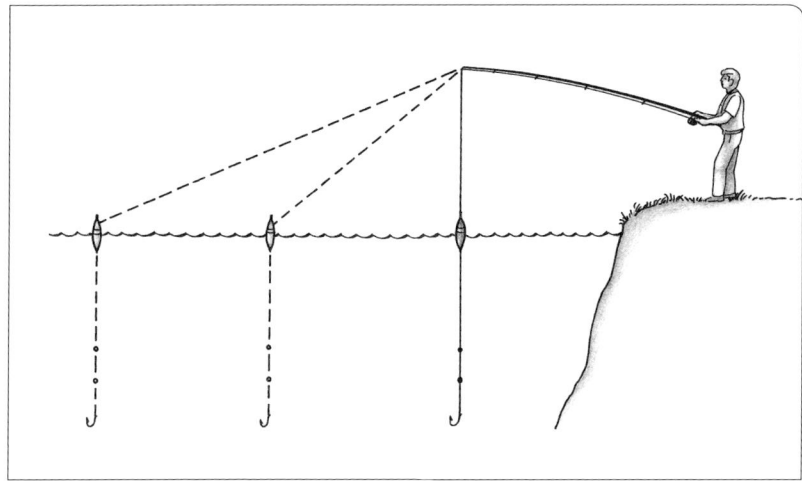

Die *Stärke des Anhiebs* richtig zu treffen setzt einige Erfahrungen voraus, die man nur am Fischwasser sammeln kann.

Man hüte sich vor einem „explosionsartigen" Ruck, denn entweder sprengt man damit das Vorfach, bricht den Haken ab oder reißt den gehakten Fisch mit brutaler Gewalt aus dem Wasser ans Land, was mit Weidgerechtigkeit, um einmal diesen Begriff der Jagd auf den Fischfang anzuwenden, nichts zu tun hat. Als *Faustregel* kann gelten: Je mehr Schnur sich zwischen Angler und Fisch befindet, um so kräftiger muss der Anhieb gesetzt werden, um die Trägheit der Montage und den durch die Dehnung der Schnur bedingten Energieverlust auszugleichen. Abbildung 39 verdeutlicht die negative Wirkung des stumpfen Schnurwinkels beim Anhieb.

Drill. Was sich zwischen einem erfolgreichen Anhieb und der geglückten Landung eines Fisches abspielt, wird Drill genannt.

Ganz sicher – der Drill zählt zu den spannendsten Momenten, die man beim Angeln durchlebt. Er hat die Aufgabe, den gehakten Fisch zu ermüden, ihn auf die spätere Landung vorzubereiten. Dass man selbst mit kleinsten Haken und dünnsten Schnüren kapitale Fische erfolgreich drillen kann, ist erfahrenen Anglern bekannt.

*Abb. 39
Die Bedeutung des stumpfen Winkels beim Anschlag:
Je weiter die Montage vom Angler entfernt ist, um so stärker muss der Anschlag sein*

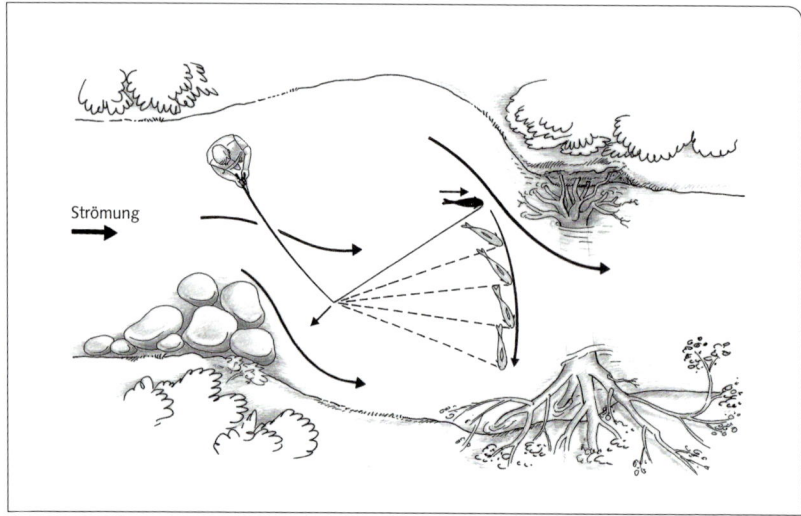

Abb. 40
Der Drill auf engem
Raum („Kreisdrill")

Der wichtigste Lehrsatz, der beim Drill zu beherzigen ist, lautet: *„Druck erzeugt Gegendruck!"* Wird ein gehakter Fisch vom Angler scharf forciert, wird er entsprechend gegenhalten. Deshalb ist vorsichtiges Drillen, bei dem die Dehnungsfähigkeit der Schnur und die Biegsamkeit der Rute mit einem „elastischen Mitgehen" des Anglers sinnvoll verbunden werden, die wohl wichtigste Voraussetzung für einen erfolgreichen Drill.

Ein gehakter Fisch wird zunächst durch lange Fluchten versuchen, aus dem Gefahrenbereich des ihn im Maul haltenden Etwas auszubrechen. Starke Fische setzen in freien Gewässern nicht selten zu Fluchten von 30, 40 und mehr Metern an. Bereits bei diesen Fluchten verausgaben die Fische einen Teil ihrer Kräfte. Wichtig ist, dass in jeder Drillphase ein bestimmter, den Fisch bremsender Schnurzug ausgeübt wird.

> Der Drill ist vorsichtig und zügig zugleich zu führen, damit der Fisch keinen zu großen Streß erleidet.

Bei *Verwendung eines Angelgeräts mit Rolle* muss die Schnurbremse daher exakt eingestellt sein. Die Bremse ist dann richtig eingestellt, wenn man die Schnur mit der Hand von der Rolle gerade noch abziehen kann, ohne an die Belastungsgrenze der Schnur zu gelangen. Andererseits hüte man sich aber auch vor einer zu weichen Bremseinstellung, da ein besserer Fisch sonst mit einem macht, was er will, und nicht mehr beherrschbar ist.

Angelt man ohne Rolle, so ist durch die feststehende Schnurlänge der Aktionsbereich des Anglers deutlich begrenzt. An freiufrigen schmalen Fließgewässern oder anderen kleinen Gewässern wie Weihern und Tümpeln kann man notfalls mit dem flüchtenden Fisch am Ufer „bremsend" mitlaufen, um weitere Fluchten abzufangen. Kann man das aber nicht, so muss man versuchen, den Fisch auf der Stelle zu drillen, obwohl bei großen Exemplaren dennoch ein hohes Risiko besteht, den Fisch zu verlieren. Dabei ist folgendes zu beachten: Gewöhnlich zeigt die Angelrute beim Drill in Richtung des Fisches.

Beim Drill auf engem Raum an kurzer Schnur wird die Rute möglichst weit zur Seite geneigt, damit der Schnurzug auf den Fisch nicht von hinten, sondern von schräg hinten wirkt (Abb. 40). Dadurch wird die Fluchtrichtung des Fisches seitlich abgelenkt. Der Winkel des auf den Fisch wirkenden Schnurzuges vergrößert sich dabei immer mehr zu Ungunsten des Fisches. Noch bevor der Fisch das Gerät bis an die Belastungsgrenze fordert, schwimmt er praktisch im Bogen wieder nach innen. Die Erklärung für diese Drilltaktik besteht darin, daß sich die Kraft jedes Fisches auf ein Bruchteil reduziert, sofern er an seiner in erster Linie auf Tempo beruhenden „Geradeausfahrt" gehindert und seitlich abgelenkt wird.

Landung. Die Landung eines Fisches schließt den eigentlichen Fang ab! Ein ganz wichtiger Grundsatz besteht darin, mit der Landung des gehakten Fisches erst dann zu beginnen, wenn dieser wirklich abgedrillt, d.h. ermüdet ist. Das ist dann der Fall, wenn der Fisch kraftlos und ohne Widerstand zu leisten auf der Seite liegend dem leichten Zug der Schnur folgt. Dennoch muss der Angler stets gegenwärtig sein, daß der Fisch noch vor oder über der Kescheröffnung zu neuer Flucht ansetzt. In Zweifelsfällen sollte man daher den Drill lieber etwas länger ausdehnen, als voreilig zur Landung zu schreiten.

Bevor der Fisch mit dem Kescher gelandet wird, muss dieser ins Wasser eingetaucht werden, damit der Netzbeutel gut durchnässt wird und im entscheidenden Moment nicht oben schwimmt und den Angler behindert. Ein Tip:

Der Drilling des Spinneres darf sich nicht im Netzbeutel des Keschers verfangen, sonst geht der Fisch beim Landen schnell verloren.

Einige in den Fäden des Netzbeutels eingeklemmte größere Spaltschrote sorgen dafür, dass der Netzbeutel des Keschers sofort untergeht.

Die eigentliche Landung geht grundsätzlich so vor sich, dass der Fisch durch leichten Schnurzug über die Öffnung des bereits vorher im Wasser befindlichen Keschers gezogen und ausgehoben wird. Ob Schwanz oder Kopf zuerst in den Kescher gehören, ist umstritten. Ich selbst führe die zu landenden Fische immer mit dem Schwanz voran in den Kescher. In Fließgewässern geht das um so leichter, wenn man eine Landungsstelle mit leichter Strömung wählt. Man hält den Kescher dann unterhalb des mit dem Kopf zur Strömung matt an der Oberfläche liegenden Fisches und lässt den Schnurzug etwas nach. Die Strömung befördert den Fisch dann Schwanz voran ohne Risiko in den Kescher. Würde man den Fisch mit dem Kopf zuerst in den Kescher führen, wäre die Gefahr sehr groß, dass eventuell außen sitzende Haken – insbesondere ist das der Fall bei Verwendung von Spinnködern und Mehrfachhaken beim Raubfischangeln – sich im Netzbeutel des Keschers festsetzen, was dann fast immer zum Verlust des Fisches führt. Die einzige Ausnahme, bei der ein Fisch Kopf voran gekeschert wird, ist der große Aal. Ihn muß man regelrecht in die Kescheröffnung hineinschwimmen lassen, was meist ohne Risiko ist, da dieser Fisch in der Regel den Haken so tief schluckt, dass ein Verhaken im Kescher ausscheidet.

Versorgung des Fanges. Das ist zwar keine Frage der Angeltaktik, wohl aber eine der persönlichen Einstellung des Anglers, eine Frage des Stils.

Untermaßige Fische oder *Exemplare geschonter Arten* sind sehr behutsam vom Haken zu befreien und vorsichtig ins Wasser zurückzusetzen. Wenn möglich, sollte man derartige Fische sogar unter Wasser abhaken, was zwar etwas Übung erfordert, für den Fisch aber wesentlich schonender ist. Ist das nicht zu machen, werden Fische, die wieder ins Wasser gesetzt werden sollen, stets mit nasser Hand angefasst, um die den Körper umgebende, für den Fisch lebensnotwendige Schleimschicht nicht zu

Ein vom Drill geschwächter Fisch – hier eine Seeforelle – wird vor dem Freilassen mit dem Kopf zur Strömung gehalten, bis er von selbst davon schwimmt.

stark zu verletzen. Dass der Haken, selbst wenn er tiefer sitzen sollte, mit äußerster Vorsicht und geeignetem Gerät entfernt wird, ist besonders wichtig. Sollte das einmal nicht gelingen, so schneidet man den Haken so kurz wie möglich ab und lässt den Fisch samt Fremdkörper schwimmen. Wissenschaftliche Untersuchungen belegen, dass im Fisch selbst an gefährlichen Stellen verbleibende Angelhaken schon nach wenigen Tagen abgestoßen werden. Sogar Aale, die Haken bis in den Magen geschluckt haben, überleben in der Regel.

Fische, die mitgenommen werden sollen, werden entweder in einem Setzkescher, der möglichst nicht der Sonnenstrahlung ausgesetzt sein sollte, gehältert oder sofort nach dem Fang ordnungsgemäß getötet und verpackt. Man beachte aber die bereits zuvor erwähnten Bedenken zum Setzkescher.

Wer gefangene Fische lebend neben sich ins Ufergras wirft und sterben lässt oder, was beim Eisangeln leider vereinzelt zu beobachten ist, die lebenden Fische gefrieren läßt, macht sich nicht nur der Tierquälerei schuldig, sondern hat auch seinen moralischen Anspruch auf Ausübung der Angelfischerei verwirkt.

Fische werden getötet, indem man ihnen mit einem harten Gegenstand (Griffteil eines schweren Messers oder spezielle Fischtöter) einen kräftigen Betäubungsschlag auf den Kopf versetzt. Mit einem scharfen Messer führt man dann zwischen den Brustflossen einen Herzstich aus – noch besser ist es, hinter dem Kopfansatz die Wirbelsäule zu durchtrennen.

Bei sehr warmem Wetter verderben getötete Fische in kurzer Zeit. Daher ist es ratsam, den Fisch an Ort und Stelle *auszunehmen* und mit Papier trockenzuwischen. Auf keinen Fall den Fisch im Fluss oder See waschen, denn das beschleunigt den Verderb. Anschließend in trockene Leinenlappen luftig eingewickelt, überstehen frische Fische die Zeit bis zur Verwertung am besten.

Angeln auf Plötze
Bei uns kaum zu Ehren gekommen, ja oft schmunzelnd zum Fisch der Anfänger degradiert, steht es um die Plötze, auch Rotauge genannt, in England anders. Dort gibt es zahlreiche „Rotaugen-Klubs", in denen Plötzenenthusi-

asten nur diesem Fisch – und keinem anderen! – mit nahezu wissenschaftlicher Akribie nachstellen.

Die Plötze, in fast allen Gewässern vertreten, beisst nahezu das ganze Jahr über, und dann nicht nur – was für viele andere Arten zutrifft – am Morgen oder am Abend, sondern auch tagsüber. Man muss nur wissen, wo sich die Plötzenschwärme aufhalten. Im späten Frühjahr und Sommer stehen die Fische in den sauerstoffreichsten Gewässerabschnitten, insbesondere zwischen den Wasserpflanzenbeständen, in Wehrkolken und Auslaufbereichen schnellerer Strömungen.

Ist die Unterwasservegetation voll entwickelt, so meiden die Fische mit einsetzender Dämmerung diese Bereiche, sofern sie wenig durchströmt sind, und ziehen in pflanzenlose Gewässerabschnitte, da die Pflanzen bei Dunkel-

Auf maisbeköderte Bodenbleimontagen beißen im Neckar bei Ilvesheim immer wieder stramme Plötzen.

heit zunehmend Kohlendioxid produzieren. In pflanzenreichen Kolken, Gumpen und Auslaufbereichen schnellerer Strömungen bleiben die Fische auch zur Nachtzeit. Hier stören die Kohlendioxidabgaben der Wasserpflanzen nicht, da strömungsbedingt stets eine Wassermischung erfolgt.

Im Herbst und Winter zieht die Plötze in *tiefere Gewässerabschnitte*. In Fließgewässern meidet sie wegen der oft erheblich zunehmenden Fließgeschwindigkeit ihre sommerlichen Standorte in Kolken und Gumpen. Jetzt muss man sie in ruhigeren Stellen, insbesondere in langsamen, tiefen Drehbereichen und in mäßiger fließenden Bereichen am Rande der Hauptströmung suchen. Da die Plötze auch pflanzliche Nahrung aufnimmt, findet man sie im Winter auch in jenen Abschnitten, in denen sonst Seerosen, Binsen u. a. Wasserpflanzen wachsen, denn hier suchen die Fische für sie verwertbare, sich bereits zersetzende Pflanzenreste.

> Der blitzschnelle Biss der Plötze erfordert eine besonders sorgsam austarierte Montage.

Um den Jahreskreis zu schließen, noch kurz zum Winterausklang und seinem Übergang ins zeitige Frühjahr: Die Plötze – ähnliches gilt z. B. auch für Güster und Blei – begibt sich schon Wochen vor der eigentlichen Laichzeit auf oft ausgedehnte Laichwanderungen. Münden in Gewässer Verbindungsfließe, Kanäle und Gräben ein, die zu Laichrevieren führen, kommt es an diesen „Nadelöhren" zu wahren Fischkonzentrationen.

Der Plötze wird *mit einer leichten Grundangel* nachgestellt. Wichtig ist, dass die Rute eine dünne, weiche Spitze besitzt. Sie ist die Voraussetzung, um den oft notwendigen blitzschnellen zarten Anhieb wohldosiert setzen zu können. Geangelt wird mit sehr feiner Montage, die aus einer 0,15 bis 0,18 mm starken Hauptschnur, einem 0,10 bis 0,15 mm starken Vorfach, einem dünndrähtigen Haken der Größen 14 bis 18 sowie einer gut tarierten schlanken Pose besteht. Die Pose muss so verbleit sein, dass selbst zaghafte Bisse deutlich erkannt werden. Deshalb muss etwa 5 bis 6 cm oberhalb des Hakens ein kleines Schrotkorn auf das Vorfach geklemmt sein. Dieses hält praktisch auch das unterste Vorfachende stets straff auf Fühlung mit der Pose, so daß jede noch so kleine Aktivität am Köder sofort als Signal auf die Pose übertragen wird. Das *Anfüt-tern* ist beim Plötzenangeln eine wichtige Erfolgsvoraussetzung – aber sparsam! Eingeweichtes Semmelmehl wird zu einem weichen, fast breiigen Teig geknetet.

Walnussgroße Kugeln werden um den Haken der Angel geknetet und vorsichtig etwas oberhalb der Stelle ins Wasser gesenkt, an der später geangelt wird. Ist die Futterkugel am Grund, wird ein etwas derber „Anhieb" gesetzt, wobei sich der kleine Haken aus der Teigmasse löst, während diese am Grund liegen bleibt. (Zwei bis vier Kugeln reichen aus.)

Der *Köder* wird gewöhnlich wenige Zentimeter über dem Grund angeboten. Als Plötzenköder sind Teig, Schmelzkäse, gequollener Hanf und Weizenkörner, Sprock, Fliegen und andere Insekten bzw. deren Larven, Rotwurmstückchen usw. zu empfehlen. Bei einem Biss muss der weiche (!) Anschlag sofort gesetzt werden, wenn die Pose abtaucht. Lediglich bei Wurmködern muss man etwas warten, damit der Köder „geschluckt" werden kann.

Ein *gehakter Fisch* ist zügig, aber unter Beachtung der Feinheit des Geräts vorsichtig vom Schwarm wegzuführen, um diesen durch den Drill in der Nähe des Schwarms nicht zu verscheuchen. Auf keinen Fall sollte man eine bessere Plötze zur Oberfläche führen, bevor sie ermüdet ist. Anderenfalls würde ihr Geplätscher an der Oberfläche den Schwarmgenossen eine deutliche Warnung sein. Ein sparsames Nachreichen kleiner Mengen Lockfutter ist von Zeit zu Zeit ratsam, um den Plötzenschwarm an der Angelstelle zu halten.

Angeln auf Blei

Der Angler nennt ihn Blei, Brassen oder Brachsen – diesen sehr hochrückigen, seitlich stark abgeplatteten Fisch. Er kommt in Seen und Flüssen mit wärmerem Wasser und weichem bis kiesigem Grund zahlreich vor. Der Blei ist ein Schwarmfisch, der ständig umherzieht. Sein „Herumzigeunern" erklärt sich wohl am ehesten daraus, dass sich Bleie regelmäßig in sehr großen Schwärmen zusammenschließen. Wo sie einmal aufkreuzen, ist schnell die Nahrung erschöpft; sie müssen zu neuen Futtergründen ziehen.

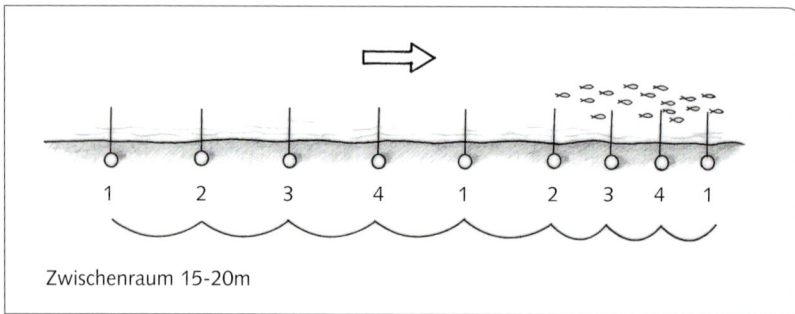

1
2
3
4
1
2
3
4
1
Zwischenraum 15-20m

Abb. 41
Auffinden eines Bleischwarms durch vier Angler

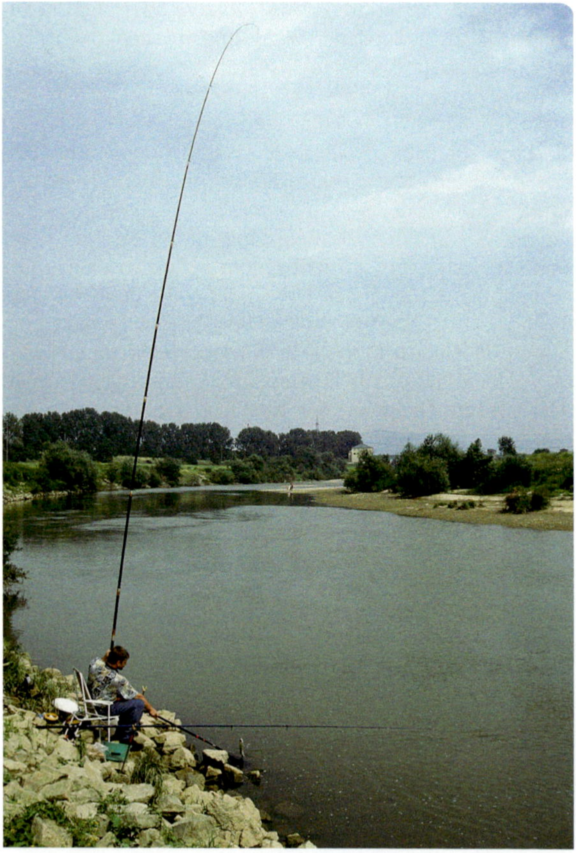

Der Umgang mit solch langen Stippruten verlangt viel Übung.

Als relativ wärmeliebender Fisch entwickelt der Blei im Sommerhalbjahr seinen größten Appetit, doch gelingt auch im Winterhalbjahr sein Fang.

Das Hauptproblem beim Bleiangeln besteht darin, den Fischschwarm zu finden. Die einfachste Methode besteht darin, das Gewässer auf Fische hin zu beobachten, die sich an der Oberfläche wälzen. Dieses für Bleie typische Wälzen wird beim Abtauchen des Fisches oft von einem deutlichen „Schwanzwedeln" begleitet. Wälzen sich Brassen nicht, ist es notwendig, nach aufsteigenden Gasblasen und Schlammwolken zu suchen, die entstehen, wenn Fische am Grund nach Nahrung wühlen. Allerdings gelingt diese Form der Suche nur in kleineren, sehr klaren Gewässern.

Mit Bleien dieses Formats kann man sich schon sehen lassen.

Ausgemachte Bleie muss man durch *Lockfuttergaben* am Standort unbedingt zu halten suchen. Dabei ist es sehr wichtig, möglichst schweres Futter, das am Grund der Einwurfstelle auch liegen bleibt, zu verwenden. Leichtes Futter würde strömungsbedingt schnell abtreiben und den Schwarm sogar vom festgestellten Standort wegführen, anstatt ihn dort zu halten.

Gelingt es nicht, Bleie auf die beschriebene Weise ausfindig zu machen, so muss man sie in Flüssen in ruhigen, tiefen Strecken, in tiefen Rückläufen, an Einmündungen von Altwassern und in tiefen Drehbereichen von Buhnenfeldern systematisch suchen. Dabei sollte man, falls sich nichts rührt, an einer Angelstelle maximal 10 Minuten verbleiben, um dann etwa in 15 bis 20 m Entfernung erneut anzusetzen. Sobald ein Blei gehakt wird, ist in beschriebener Weise anzufüttern, um den Kontakt mit dem Schwarm zu erhalten.

In Seen ist der Blei an der in die Tiefe abfallenden Schar zu suchen.

Bleie sind im Sommerhalbjahr in den frühen Morgen- und späten Abend-

> Einmal ausgemachte Bleie müssen durch richtig dosierte Futtergaben an der Angelstelle gehalten werden, sonst ziehen sie schnell davon.

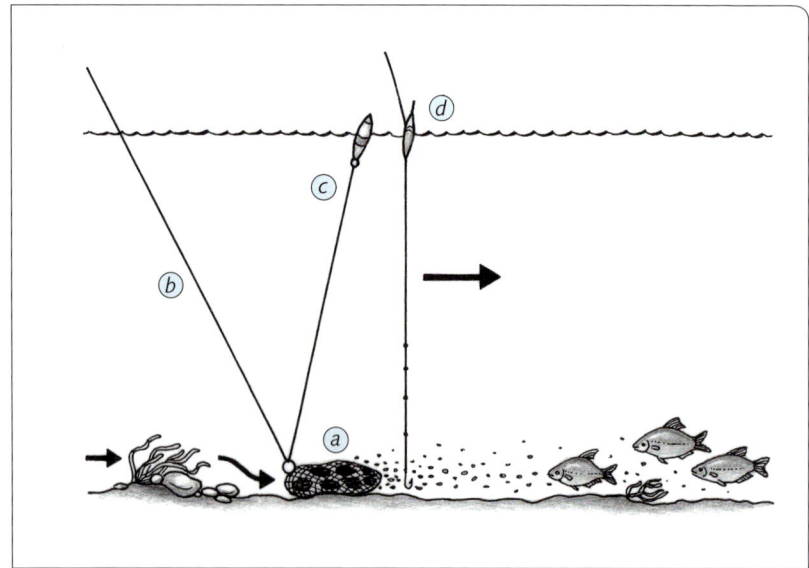

Abb. 42
Angeln mit dem
Futterbeutel (Futter-
netz):
a) Futterbeutel;
b) Halteleine;
c) Positionsboje;
d) Angelmontage

stunden besonders gut zu fangen. Im Winterhalbjahr liegt die größte Beißaktivität um die Tagesmitte herum.

Der Blei wird gewöhnlich mit *mittelschwerem Grundan-gelgerät* gefangen. Die Länge der zu wählenden Angelrute hängt weitgehend vom Gewässer ab, doch sollte sie nicht zu kurz sein. Als Schnurstärken sind zu empfehlen: Hauptschnur 0,20 bis 0,25 mm, Vorfach etwas schwächer. Es sollten Haken in den Größen 6 bis 12 eingesetzt werden. Als Posen wählt man nur schlanke, gut sichtbare Modelle, die gut zu verbleien sind.

Mit dieser Montage stellt man den Bleien direkt am Gewässergrund nach. Sparsames Anfüttern ist während des Angelns zweckmäßig, denn es lockt die Fische nicht nur an, sondern animiert sie auch zur Nahrungsaufnahme.

Der Biss des Bleis ist meist unverkennbar. Wenn der Fisch den Köder eingesogen hat, schwimmt er in der Regel etwas nach oben. Dabei hebt er das verbleite Vorfach mit an. In der Folge taucht auch die Pose deutlich auf und legt sich schließlich flach auf die Oberfläche. Erst wenn die Pose abtaucht, wird der Anhieb gesetzt. Als Köder kommen Teig, Kartoffeln, Käse, Rotwürmer, Sprock und Maden in Frage.

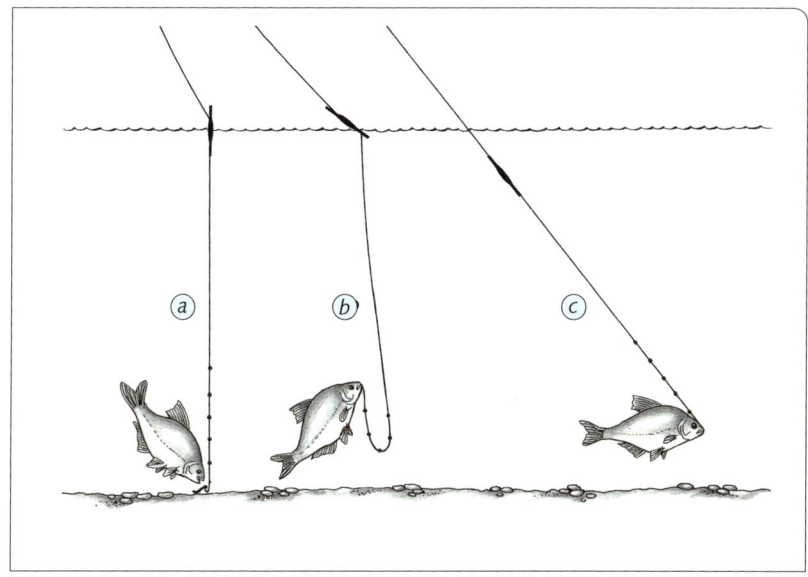

Ein *gehakter Blei* wird mit tiefgesenkter Rute zügig, aber mit Gefühl seitlich weggeführt und abseits vom Schwarm müde gedrillt, um die anderen Artgenossen nicht zu vergrämen. Obwohl der Blei kein sonderlicher Kämpfer ist, gibt er durch sein Gewicht und seine Körperform, die er in fließenden Gewässern auszunutzen weiß, alle Veranlassung für einen umsichtigen Drill.

Mit Schwimmköder auf Döbel

Der Döbel ist ein Allesfresser und während des ganzen Jahres zu fangen. In den Sommermonaten stellen sich Döbel oft über Wochen auf Oberflächennahrung ein. Nahezu alles, was auf dem Wasser schwimmend daherkommt, wird auf Genießbarkeit hin untersucht.

Gleich am Anfang sei klargestellt, dass der Döbel wohl zu den vorsichtigsten Fischen zählt, und schon WALTON bezeichnete ihn als den „furchtsamsten Fisch".

Der nach dem Laichen, etwa ab Juli, wieder zu Kräften gekommene Döbel steht bis hinein in den Herbst meist in oder unmittelbar an gut durchströmten Gewässerabschnitten. Insbesondere sind das Wehrkolke und ihre

Abb. 43
So nimmt der Blei den Köder: a) Der Fisch probiert und saugt den Köder ein; b) Danach hebt der Fisch die Montage und legt die Pose oftmals flach; c) Erst wenn die Pose deutlich wegzieht, folgt der Anhieb

Ausläufer, Rollen und Sohlstürze, er steht aber auch unterhalb von Fluss- oder Bacheinmündungen, in schmalen Rinnen, in oder vor steilen Uferböschungen.

Bei extremer sommerlicher Sonneneinstrahlung sucht der Döbel vorübergehend Schutz unter schattenspendendem Uferbewuchs. Gewöhnlich leben größere Döbel dort, wo ein entsprechender Lebensraum vorhanden ist. Ausnahmen gibt es natürlich auch von dieser Regel! Kapitale Döbel sind Einzelgänger, während kleine und mittlere Exemplare in Trupps leben.

Eine sehr erfolgversprechende Fangtaktik für den Döbel bildet die an der Wasseroberfläche geführte *Treibangel*, mit der der Köder schwimmend angeboten wird.

Dazu wird eine leichte, elastische, mit einer Stationärrolle versehene Rute von etwa 3 bis 4 m Länge benötigt. Sie gestattet weite, weiche Würfe der leichten und schwimmfähigen Montage.

Wegen der Scheu der Döbel sollte nach Möglichkeit weitab und aus guter Deckung heraus geangelt werden.

Die *Schnur* in einer Stärke von 0,25 mm ist gründlich zu fetten, damit sie auch noch nach längerem Angeln gut schwimmt. „Säuft" sie ab, so hängt sie weit durch und verheddert sich leicht an Pflanzen und anderen Hindernissen.

Es gibt keinen fängigeren Sommerköder für starke Döbel als die treibend angebotene Heuschrecke.

Dann treibt der an der Oberfläche schwimmende Köder nicht natürlich, und das mindert die Erfolgschancen. Direkt an die Hauptschnur – also ohne Vorfach – wird ein einschenkliger Haken der Größen 2 bis 5 gebunden.

Man kann aber auch eine Wasserkugel verwenden, auch Buldo genannt. Dies ist ein Spezialschwimmer, der auf verschiedene Art montiert werden kann. Er kann mit Wasser gefüllt werden, um der Montage das für den Wurf erforderliche Gewicht zu verleihen.

Als *Köder* eignen sich vor allem solche, die gut schwimmen, so z. B. Käfer, Heuschrecken, Brotstückchen u. a.

Das beköderte Gerät wird weich und geräuscharm aufs Wasser gebracht. Je nach Uferbeschaffenheit kann der Angler der treibenden Angel in möglichst großem Abstand folgen.

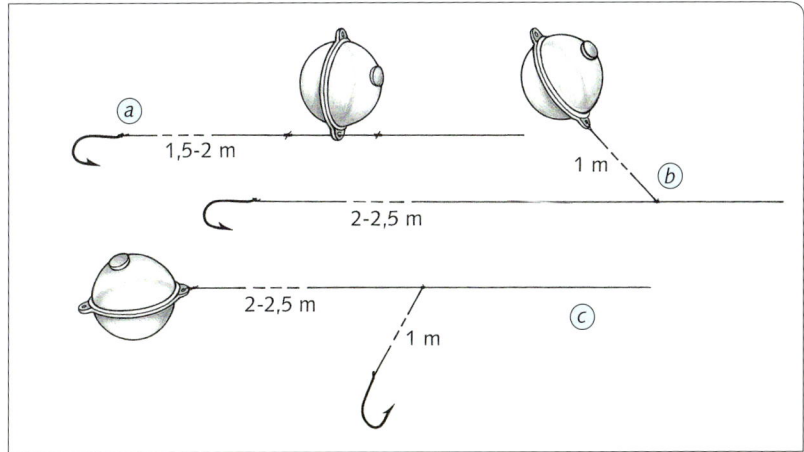

Die Schnur sollte immer möglichst geradlinig bis zum Haken verlaufen, damit der oft überraschende Biss des Döbels pariert werden kann. Bildet die Schnur einen großen Bogen, so dauert es oft zu lange, um Kontakt zum Fisch aufzunehmen und den kräftigen Anschlag zu setzen. Man registriert einen Fehlbiss – in Wirklichkeit kam der Anschlag verspätet. Für jeden Anschlag gilt: Je weiter der Fisch vom Angler entfernt ist, um so kräftiger muss der Anschlag kommen!

Abb. 44
Montagen der
Wasserkugel:
a) auf der Haupt-
schnur befestigt;
b) am Seitenarm;
c) am Endarm

Der Döbel ist ein ausdauernder und energischer Kämpfer, deshalb sollte der Drill nicht übereilt erfolgen. Zur Landung des in Ausnahmefällen bis über 5 kg schweren Döbels ist stets ein Kescher zu benutzen.

> Döbel sind zwar „verfressen" und doch so schlau und scheu, dass sie nur schwer an die Angel zu bekommen sind

Angeln auf Schleie

Die Schleie ist ein Karpfenfisch, der in flachen, weichgründigen Seen, in Teichen, selbst in kleinsten schlammigen Tümpeln vorkommt, aber auch in Fließgewässern, ausnahmsweise sogar in der Forellenregion vertreten ist. In Kleingewässern lebende Schleien neigen leider oft zur sogenannten „Verbuttung" (Kümmerwachstum).

Als wärmeliebender Fisch ist die Schleie im Sommerhalbjahr besonders in der ersten Morgendämmerung und um

Rechte Seite:
Dicht am Schilfgürtel
angefüttert lassen
sich schon im Früh-
jahr erfolgreich
Schleien überlisten.

die Zeit des Sonnenuntergangs herum zu überlisten. Der gesellig lebende Fisch – große Exemplare sind allerdings meist Einzelgänger – verrät sich bei der Suche nach Grundnahrung schnell durch aufsteigende Gasbläschen und lokale Wassertrübungen. An solchen Stellen, die sich oft zwischen kleinsten Wasserpflanzenlücken befinden, bestehen gute Chancen, an die sehr heimlich lebende Schleie zu gelangen.

Wenn zeitlich möglich, sollte man Schleien dicht hinter dem Rohrgürtel in Tiefen von 1 bis 1,5 m über einige Tage hinweg *anfüttern*, bevor man sie mit Teigkügelchen, Kartoffelstückchen, Rotwurm, Schneckenfleisch oder Muschelfleisch beangelt. Wichtig ist es, solche ufernahen Stellen zu wählen, die der vorherrschenden Windrichtung ausgesetzt sind. Die wärmeliebende Schleie kommt durch die windbedingte Teilzirkulation des Wassers an diesen Gewässerabschnitten ständig in den Genuß des warmen und auch relativ sauerstoffreichen Oberflächenwassers. Sehr zu Unrecht ist die Schleie als „langweiliger Beißer" verschrien, denn sie nimmt auch als großer Fisch den dicht über dem Grund oder auch auf den Grund aufgelegten Köder nur sehr vorsichtig. Dieses „Nippeln" am Köder, das oft minutenlange Zucken der Pose – die dabei häufig eine kreisende Bahn beschreibt – erhöhen aber m. E. eher die Spannung und den Reiz; Schleienangeln hat mit Langerweile wahrlich nichts zu tun! Der Anhieb darf erst gesetzt werden, wenn die Pose abtaucht, was in der Regel sehr langsam geschieht, und mindestens einen Meter unter Wasser weggezogen wird.

Als *Gerät* benötigt man im oft pflanzenreichen Schleienrevier ein mittelschweres Grundangelgerät, möglichst mit Rolle, um die nicht selten mehrpfündigen Fische auch entsprechend parieren zu können. Man sollte keine zu weiche Rute verwenden und schon gar nicht eine mit weicher Spitzenaktion. Andernfalls macht der Fisch mit einem, was er will. Die Hauptschnur sollte 0,22 mm nicht unterschreiten; in stark verwachsenen Revieren sind Schnüre bis 0,28 mm Durchmesser vorzuziehen. Am etwas schwächeren Vorfach wird ein sehr scharfer, nicht zu feindräh-

> Kaum ein Friedfisch beißt aufregender als die vorsichtig nippelnde Schleie. Sie fordert die Geduld des Anglers oft bis an die Grenzen ...

tiger Plättchenhaken der Größen 3 bis 6 befestigt. Die möglichst leichte, schlanke Pose ist gut zu verbleien, um ihren Tauchwiderstand so gering wie möglich zu halten, denn viele Schleien lassen vom Köder ab, sobald ihnen etwas nicht geheuer vorkommt.

Der recht langwierige *Drill* besserer Schleien sollte sich möglichst fernab der eigentlichen Angelstelle abspielen und in jedem Fall durch eine Landung mit dem Kescher abgeschlossen werden.

Angeln auf Karpfen

Karpfenangeln zählt zur Hohen Schule des Grundangelns. Und das nicht nur wegen der sprichwörtlichen Scheu und Vorsicht dieses Fisches, der solides taktisches Können verlangt, damit man ihn überhaupt an den Haken bekommt, sondern auch deshalb, weil der Karpfen zu den anspruchsvollsten und trickreichsten Drillpartnern zählt.

Karpfen leben in fließenden und stehenden Gewässern. In fließenden Gewässern bevorzugen sie tiefe, langsamströmende Abschnitte, Altwasser, große tiefe Drehbereiche und Rückströmungen. Karpfen in stehenden Gewässern sind hochrückiger als die „schlanken" Artgenossen der Fließgewässer – sie haben sich in ihrer Körperform lediglich den andersartigen Wasserverhältnissen angepasst.

Karpfenstandorte in Seen und anderen stehenden Gewässern befinden sich meist dort, wo z. B. Bäche oder Fließe einmünden und Nahrung mitführen. Ansonsten durchziehen die ebenfalls im Schwarm lebenden Karpfen größere Gewässerbereiche, meist aber die nahrungsreichen Uferzonen, die dem direkten Windeinfluss ausgesetzt sind.

Bei milder Witterung beginnt die *Beißzeit* der Karpfen bereits im Frühjahr, oft schon Ende März, und hält bis in den Herbst an. Im Frühjahr – entsprechendes gilt für den Herbst – stehen Karpfen im tiefen Wasser. Hat sich das Wasser im Verlaufe des Frühjahrs weiter erwärmt, suchen Karpfen die höheren Wasserschichten auf.

Wer Karpfen über einige Tage hinweg möglichst jeweils zu den lichtarmen Randstunden des Angeltages mit einigen grob gequetschten Pellkartoffeln oder einigen Händen voll gequollenem Mais anfüttert, erhöht seine Chancen, einen guten Fisch zu haken, enorm.

Die mit Teig, Kartoffel, Mais oder auch Wurm *beköderte Angel* ist an der letztmals einen Tag zuvor angefütterten Stelle dicht über oder auf dem Gewässergrund anzubieten.

Eine der wichtigsten Erfolgsvoraussetzungen besteht darin, mit größter Vorsicht zu Werke zu gehen. Jede noch so gering erscheinende Bodenerschütterung, jedes Nichtausnutzen vorhandener Deckung, jedes ungeschickte klatschende Einwerfen der Angel kann die Erfolgsaussichten auf Stunden verderben.

Typisch beim Karpfenangeln ist, dass der Köder nach dem Einwerfen nicht gleich genommen wird. Es ist deshalb grundfalsch, die Montage vorzeitig aus dem Wasser zu nehmen, um vielleicht den Köder zu kontrollieren oder zu wechseln. Mit solch überflüssigen Manövern wird eher erreicht, dass die Karpfen zurückhaltend und vorsichtig reagieren, als dass sie beißlustig werden.

Das *Gerät* zum Karpfenangeln muss stabil sein. Eine kräftige Wurfrute von 3 bis 3,5 m mit einer mittelschweren Stationärrolle, die fast randvoll mit 0,30 mm starker Schnur gefüllt ist, ist ein Grunderfordernis.

Notwendig ist, da man doch meist auf größere Distanz angelt, eine gut verbleite, aber sichtbare Pose. Sie muss wegen des vorsichtigen Verhaltens besserer Karpfen einen möglichst geringen Tauchwiderstand besitzen. Wird mit posenlosen Bodenbleimontagen geangelt, kommen meist sehr spezielle Konstruktionen, wie z. B. die selbstanschlagende Montage zum Einsatz. Diese und auch die Ködermontagen beim speziellen Karpfenfischen, können wegen der notwendigen Beschränkungen im Rahmen dieses Einsteigertitels nicht vorgestellt werden.

Auf ein Vorfach verzichte ich beim Angeln auf Karpfen – Knoten schwächen unnötig die Haltbarkeit der Schnur. Der Haken der Größen 1 bis 3, der für diesen Zweck nur

Oben: Bildschöner Schuppenkarpfen aus dem Rheinauer See.

Unten: Karpfenporträt mit bewährter Ködermontage – Maiskörner sind oberhalb des Hakens so auf das Vorfach gezogen, dass der Haken frei bleibt und sofort im Fischmaul fasst, wenn der Köder eingesogen wird.

Rechte Seite: Mit Sonnenuntergang beginnen die Aale zu beißen.

von bester Qualität sein sollte, wird direkt an die bis nach vorn verlaufende Hauptschnur gebunden.

Während der heißen Hochsommerwochen stehen Karpfen oft dicht unter der Oberfläche. Auf dem Grund angebotene Köder sprechen sie dann nicht an. Man bietet daher den Karpfen mit Hilfe einer Wasserkugel (s. dazu auch S.82) schwimmend oder dicht unter der Wasseroberfläche ein pflaumengroßes Stückchen Weißbrot (mit Rinde) an. Dabei ist man gut beraten, wenn man vor und während des Angelns mit kleineren Brotstückchen in Maßen anfüttert. Karpfen werden dadurch nicht nur angelockt, sie verlieren so auch ziemlich schnell die Scheu vor dem angebotenen Köder. Sehr wichtig ist es auch, die Schnur gut zu fetten!

Nach dem Biss muss mit dem kräftigen *Anhieb* – das gilt für das Posenangeln gleichermaßen wie für das Oberflächenangeln – so lange gewartet werden, bis der Fisch deutlich mit dem Köder abzieht. Wenn der Karpfen den ersten Widerstand des Angelgerätes spürt, setzt er zu einer kraftvollen, oft 30 bis 40 m weiten Flucht an. Solche Manöver wiederholen sich während des Drills mehrfach. Dabei ist er unter voller Ausnutzung der Rutenaktion und der Dehnungsfähigkeit der Schnur gefühlvoll zu bremsen. Karpfen werden grundsätzlich mit einem großformatigen Kescher gelandet, nachdem sie tatsächlich abgedrillt sind.

Das sind die Rekordkarpfen der letzten Jahre:

1999 – 30,10 kg, 108 cm, Steierischer Baggersee (A), Boilie (BLINKER-Hitparade)

2003 – 31,40 kg, 99 cm, Vereinsgewässer FCO Stollhofen, Mais (Rute & Rolle-Bestenliste)

2004 – 30,45 kg, 99 cm, Müllersee, Boilie (Rute & Rolle-Bestenliste)

2007 – 34,50 kg, 104 cm, Baggersee Rheintal, Boili (Rute & Rolle-Bestenliste)

2009 – 39,10 kg, 107 cm, Baggersee Rheintal, Boili (Rute & Rolle-Bestenliste)

Angeln auf Aal und Quappe

Aal und Quappe werden lediglich wegen der weitgehend gleichen Art und Weise, wie der Angler diesen beiden Fischen nachstellt, in einem Abschnitt behandelt – zoologisch gesehen haben sie nichts miteinander gemeinsam.

Der Aal. Dieser schlangenförmige Fisch ist wohl auch bei den Nichtanglern der bekannteste unserer heimischen Fische. Er kommt in allen mit dem offenen Meer in Verbindung stehenden Gewässern vor. Der Aal ist ein nacht-

aktiver Fisch und bietet von April bis hinein in den Oktober interessantes Angeln. Spezialisten schwören auf die Septemberwochen, denn zu dieser Zeit werden immer wieder besonders starke Exemplare gefangen.

Für den *Aalfang* werden steigendes Wasser und Wind allgemein als gut angesehen. Geangelt wird in der Regel mit posenlosen Montagen auf Grund. Günstig ist die Verwendung einer stabilen Wurfrute von mindestens 3 m Länge. Die Rolle wird mit 0,30 bis 0,35 mm starker Schnur gefüllt; in hindernisreichen Gewässern kann auch 0,40 mm starke Schnur erforderlich sein. Je nach Strömung wird ein 30 bis 60 g schweres Bodenblei auf die Hauptschnur gezogen. Das etwas schwächere, etwa 50 cm lange Vorfach wird mittels Wirbel und Karabiner an der Hauptschnur befestigt. Langschenklige Haken der Größen 1 bis 3 komplettieren die Montage.

> Kein Fisch ist so unberechenbar wie der Aal. Trotzdem geht dieser Fisch nicht an Land, um in Erbsenfeldern zu speisen – alles purer Aberglaube.

In stehenden Gewässern – sei es vom Ufer oder vom Boot aus – bevorzuge ich persönlich Gleitposenmontagen. Mit ihnen wird der Köder dicht über dem Grund angeboten. Ein solcher Köder driftet stets etwas und gerät so schneller als der am Grund festgelegte Köder in den Wahrnehmungsbereich des Aales. Außerdem wird ein dicht über dem Grund servierter Aalköder nicht von Krebsen angefressen.

Als *Köder* dienen Tauwürmer, Fischstücke, Köderfische, Krebsschwänze u. a.

Nach *Auswerfen des Gerätes* wird die Rute bei Verwendung von Bodenbleimontagen steil in einen Rutenhalter gestellt und bei gelockerter Schnurbremse die Schnur zwischen Blei und Rutenspitze leicht gespannt.

Der Biss des Aales wird durch ein deutliches „Wippen" der Rutenspitze angezeigt. Ein kleines, an der Rutenspitze befestigtes Glöckchen ist sehr zu empfehlen, wenn man nachts angelt und auf eine akustische Bissanzeige angewiesen ist. Zieht der Fisch deutlich ab, folgt ein kräftiger Anhieb; danach muß der Aal sofort zügig gelandet werden, denn anderenfalls gelingt es ihm oft, sich im Wasser in Hindernissen festzusetzen. Wird mit der Posenmontage geangelt, erfolgt der Anhieb erst, wenn die Pose drei oder vier Meter energisch weggezogen wurde.

Die Quappe. Die zu den Dorschen zählende Quappe ist ein Süßwasserfisch, der in ganz Europa – mit Ausnahme der westlichsten und südlichsten Teile – und in weiten Gebieten Asiens zu finden ist. Dennoch ist dieser recht verborgen lebende dämmerungs- und nachtaktive Fisch vielen Anglern nur vom Namen her bekannt. Der Fang der schmackhaften Quappe bereitet aber kaum Schwierigkeiten, wenn man weiß, wann und wo sie anzutreffen ist. Im November und Dezember ziehen die laichreifen Quappen oft in großen Mengen flussaufwärts bis zu ihren Laichplätzen in den Oberläufen und Quellgebieten kleiner Bäche, Fliesse und Flüsse. Zu dieser Zeit nehmen sie recht gierig alle mögliche tierische Nahrung auf.

Zu größeren Ansammlungen von Quappen kommt es dann besonders vor Wasserverbauungen wie Schleusen und Wehren: Hier steht der Fisch in den ruhigen Gewässerabschnitten. In stehenden Gewässern ist es zu dieser Zeit aussichtslos, Quappen zu beangeln, da es kaum eine Chance gibt, ihre winterlichen Standorte ausfindig zu machen. Als Angelgerät kommt das auch für den Aalfang empfohlene Gerät in Betracht.

Die *Köder* entsprechen ebenfalls denen für den Aalfang, doch lässt sich die Köderauswahl noch um solche ausgefallenen Köder wie kurzgeschnittene Geflügeldärme –

Stattliche Aale werden in Zukunft immer seltener. Die Art ist vom Aussterben bedroht.

nicht gerade appetitlich, aber wirksam – und Muschelfleisch erweitern.

Der nicht wählerische Räuber nimmt den am besten am kiesigen Grund angebotenen Köder nicht übereilt, doch sehr entschieden und kraftvoll. Ein „Herumnippeln" am Köder gibt es selten. Statt dessen zupft der Fisch einige Male und zieht dann ab. Dann folgt der Anhieb, mit dem nicht zu lange gewartet werden sollte, da der Haken sonst schnell bis in den Magen geschluckt wird und schwer zu lösen ist.

> **Vorsicht!** Quappenleber ist oft von Bandwurmfinnen befallen. Leber unbedingt sehr scharf braten oder besser auf Verzehr verzichten.

Drill und Landung mit Kescher sollten zügig erfolgen, insbesondere wenn in der sehr erfolgversprechenden Stunde nach Sonnenuntergang geangelt wird.

Und noch etwas: Bei Verzehr der Quappenleber Vorsicht vor Bandwurmfinnen! Leber scharf braten, falls darauf nicht verzichtet werden soll.

Mit Köderfisch auf Hecht und Barsch

Köderfische fängt man mit der superleichten Friedfischrute oder mit der Senke. *Gute Köderfische* sind kleine Karauschen und Giebel; aber auch kleine Exemplare der Plötze, des Barsches, der Güster, des Ukeleis – um nur die wichtigsten zu nennen – sind sehr zu empfehlen. Köderfische werden im Köderfischkessel gehältert, der auch mit einer kleinen batteriegetriebenen Luftpumpe versehen werden kann. Aber auch beim Hältern von Köderfischen ist manch widersinniges lokales Verbot zu beachten. Überhaupt sei hier nochmals darauf verwiesen, *dass der lebende Köderfisch aus Tierschutzgründen in Deutschland grundsätzlich nicht verwendet werden darf.* Der Angler muss, um auf den sehr attraktiven Fischköder nicht völlig verzichten zu müssen, auf den toten Köderfisch ausweichen. Ist dieser frisch, wozu die lebende Hälterung der Köder bis zur Verwendung unverzichtbar ist, fängt man mit diesem fast ebenso erfolgreich wie mit dem lebenden Köderfisch.

In vielen Ländern wird berechtigterweise streng darauf geachtet, dass Köderfische nur in den Gewässern verwendet werden dürfen, aus denen sie auch stammen. Auf diese Weise wird gesichert, dass u. U. in einem Gewässer vorkommende Fischkrankheiten nicht auf ein anderes übertragen werden. Dieser Grundsatz muss von jedem Angler beachtet werden, denn die Gefahr der Übertragung von Fischkrankheiten ist tatsächlich sehr groß!

Der Hecht. Er ist ein *Lauerräuber*, der in nahezu allen etwas größeren fließenden und stehenden Gewässern vorkommt. Der schlanke, torpedoförmige Fisch zählt zweifellos zu den reizvollsten Fangobjekten des Anglers. Er hält sich bevorzugt im Uferbereich zwischen Wasserpflanzen auf, hinter Buhnenköpfen, unter tief ins Wasser hängendem Uferbewuchs, im Rohrgürtel und an anderen geeigneten Stellen. Hier steht er oft stundenlang ohne jede Regung. Nähert sich seinem Einstand ein Futtertier, wird es bei vorhandenem Appetit blitzartig angegriffen und gefressen.

Das *Beangeln des Hechtes* mit dem Köderfisch lohnt sich während der ganzen Saison. Während der Sommermonate, die nicht gerade zu den Glanzzeiten des Spinnanglers zählen, ist man diesem beim Hechtfang mit dem Köderfisch weit überlegen. Nebenbei bemerkt – die Mehrzahl der Rekordhechte der letzten Jahrzehnte wurde trotz

Köderfischfang mit der Federringkette ist dort erfolgreich, wo es möglich ist, das bleibeschwerte Fanggerät von Brücken oder Stegen aus direkt von oben in einen Kleinfischschwarm einzusenken.

Das sind die Rekordhechte der letzten Jahre:

1986 – 25,00 kg, 136 cm, Vereinsgewässer Bühl, Blinker (BLINKER-Hitparade)

1995 – 24,20 kg, 142 cm, Eppler See, Plötze (Rute & Rolle-Bestenliste)

2002 – 23,15 kg, 132 cm, Wahnbachtalsperre, Köder unbekannt (BLINKER-Hitparade)

2003 – 21,70 kg, 126 cm, Stausee Hüttenroda, Köderfisch (Rute & Rolle-Bestenliste)

2004 – 21,70 kg, 131 cm, Gmundner Traun (A), Streamer (BLINKER-Hitparade)

2007 – 21,50 kg, 135 cm, Hechtsee (A), Köderfisch (Rute & Rolle-Bestenliste)

2009 – 20,00 kg, 132 cm, Muhlsee bei Neufahrn, Gummifisch (BLINKER-Hitparade)

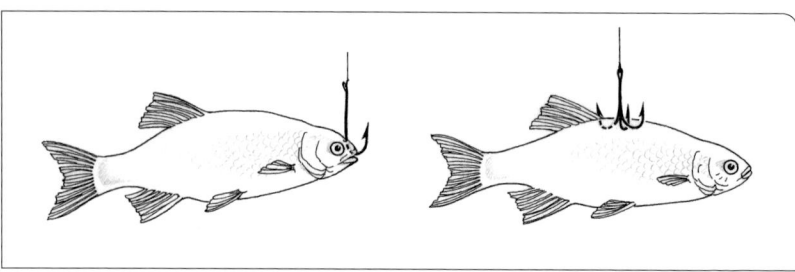

*Oben: Abb. 45
Köderfischfang mit
der Senke*

*Unten: Abb. 46
Rückenköderung und
Lippköderung*

immer raffinierterer Spinnangeltechnik und -taktik mit dem altbewährten Köderfisch gefangen!

Das für den Hechtfang benötigte *Angelgerät* wurde bereits im Abschnitt Gerätezusammenstellung zum Grundangeln (S.54) vorgestellt.

Die montierte, auf die richtige Tiefe (Mittelwasser) eingestellte und beköderte Angel wird an den bekannten oder vermuteten Hechteinständen eingeworfen. Nicht selten schlägt der Hecht, sofern der Köderfisch ihm in unmittelbarer Nähe angeboten wird, schon Sekunden später zu. Wenn nicht, lässt man den Köderfisch regelrecht auf der Stelle „tanzen", indem man ihm durch leichtes Zupfen ein gewisses Eigenleben verleiht. Wenn ein Hecht in der Nähe ist, wird er den Köder bemerken.

Oftmals greift der Hecht den Köderfisch in dem Moment an, an dem man ihn von der gewählten Angelstelle wegzieht, um ihn erneut anzubieten. Diese Einholbewegung des Köderfisches reizt den Räuber offensichtlich besonders stark. Deshalb sollte man den Köder, falls längere Zeit nichts passiert, ruhig mal einen Meter zurückziehen.

> **Achtung!** Die Verwendung des lebenden Köderfisches ist in Deutschland verboten. Aber der tote Köderfisch ist nicht viel schlechter ...

In der Regel fasst der Hecht zügig und entschlossen zu. Er zieht die Pose mit einem Ruck unter Wasser und bleibt stehen. In dieser Phase hat der Hecht den Köderfisch quer im Maul und bei Rückenköderung auch den Drillingshaken zwischen den Kiefern. Setzt man jetzt einen kräftigen Anhieb, sind die Aussichten gut, dass sich der Drilling im Hechtmaul festmacht. Wartet man bei der *Rückenköderung* mit dem Anhieb aber zu lange, sinken die Chancen. Oft bemerkt der Hecht den Drilling, wenn er den Köderfisch im Maul dreht, um ihn mit dem Kopf voran schlucken zu können, und lässt vom Köder ab.

Bei der *Lipp- oder Nasenköderung* mit Einfachhaken muss man den Hecht schlucken lassen. Mitunter dauert das eine Weile. Deshalb darf in diesem Fall nicht voreilig angeschlagen werden, selbst wenn Minuten vergehen.

Der bei besseren Hechten oft dramatische *Drill* erfordert Besonnenheit und Geschick und sollte erst beendet werden, wenn der Fisch wirklich ermattet die Breitseite zeigt. Dann wird er mit einem großformatigen Kescher ausgehoben.

Der Barsch. Er zählt zu den hübschesten Fischen und ist zugleich ein hervorragendes Angelobjekt. Dieser „Allerweltsfisch" kommt nahezu in allen Binnengewässern vor.

Solange Barsche knapp handlang sind, sind sie ausgesprochene *Kleintierfresser*. Sie halten sich dann vorwiegend im Schutz der krautreichen Uferregionen auf. Mit zunehmender Größe nimmt auch ihre räuberische Lebensweise zu. In kleinen Trupps annähernd gleichgroßer Artge-

> Gute Barsche vorsichtig drillen und stets mit dem Kescher landen, sonst schlitzen schnell die Haken aus.

Vorsicht beim Hantieren mit großen Barschen. An den messerscharfen Kiemendeckeln und den spitzen Rückenstacheln kann man sich schmerzhaft verletzten.

nossen durchstromern die „Jagebarsche" weite Freiwasserbereiche. Sie fallen dann über alle möglichen Jungfische, selbst über kleine Artgenossen her. Große Barsche, sogenannte „Tiefenbarsche", halten sich bevorzugt in größeren Tiefen bis zu 20 m auf. Die Aufenthaltsorte der mittleren bis besseren Barsche sind nicht ganz leicht ausfindig zu machen. In Fließgewässern konzentriert man sich auf Schleusenanlagen, Wassereinbauten wie Brückenpfeiler, Uferverkleidung usw. Auch die tieferen, etwas ruhigeren Bereiche von Wehrkolken beherbergen häufig Barsche, wenn auch keine besonders großen. In den Seen findet man diese Fische regelmäßig an der Schar, also den Bereichen, an denen der Gewässerboden steil abfällt, sowie an den unterseeischen Bodenhügeln, den sogenannten Barschbergen.

Geangelt wird mit einer leichten, nicht zu steifen beringten Rute von 3 bis 4 m Länge. Auf die ebenfalls leichte Stationärrolle kommt 22er bis 25er Schnur. Eine gut verbleite schlanke Gleitpose und ein direkt an die Hauptschnur gebundener kurzschenkliger Haken der Größen 2 bis 4 vervollständigen das Gerät.

Möglichst kleine frische tote *Köderfischchen* zwischen 4 und 6, maximal 8 cm Länge werden in Lippköderung auf etwa drei Viertel der Tiefe der gewählten Angelstelle abgesenkt. Steht in fließendem Wasser die Pose plötzlich still oder wird sie, was überwiegend der Fall ist, ohne seitliche Standortveränderung weggezogen, ist das mit Sicherheit ein Biss. Der Barsch erfasst das Köderfischchen stets am Kopf und würgt es zügig hinunter. So lange bleibt der Barsch fast an der Stelle stehen. Erst wenn er deutlich erkennbar einige Meter seitlich abzieht, ist der vorsichtige, aber entschiedene Anhieb zu setzen.

Der durch kurze ruckend-zuckende Fluchtbewegungen gekennzeichnete *Barschdrill* ist sehr vorsichtig auszuführen, denn aus dem Barschmaul schlitzen die Haken leicht aus. Aus diesem Grund sollte man auch mittlere Barsche nicht einfach mit der Angel ausheben, sondern stets keschern.

Eisangeln

Winterschlaf haltende Angler werden immer seltener, immer mehr Angler begeben sich aufs Eis, falls Petrus es gut meint. Deshalb sollen im folgenden einige *Besonderheiten* des Eisangelns dargestellt werden, die es zu beachten gilt.

Zunächst zum Unfallschutz: Das Eis sollte eine Mindeststärke von 15 cm haben, bevor man es überhaupt betritt. Von Fahrrinnen und anderen offenen Stellen ist ein Mindestabstand von 50 m einzuhalten. Da bestimmte, nicht immer bekannte Strömungsverhältnisse die Struktur des Eises beeinflussen können, ist es von Vorteil, wenn man sich bei ortskundigen Anglern über solche Besonderheiten informiert. Weiterhin sind rissige, blasige und schwammige Eisflächen zu meiden, da auch hier die Tragfähigkeit der Eisdecke zum Teil stark gemindert ist.

> **Vorsicht!** Beim Eisangeln Mindesteisstärke 15 cm beachten, von Fahrrinnen und offenen Stellen 50 m Abstand halten und blasiges Eis meiden.

Die zum Angeln benötigten *Eislöcher* sollten aus Sicherheitsgründen nicht größer als 20 cm im Durchmesser sein. Besonders eignen sich zu ihrer Herstellung im Fachhandel erhältliche Eisbohrer. Notfalls tut es aber auch ein Beil. Nach dem Angeln werden die Löcher durch ein Schilfbündel oder Zweige kenntlich gemacht, um Unfällen vorzubeugen.

*Abb. 47
Eisbohrer*

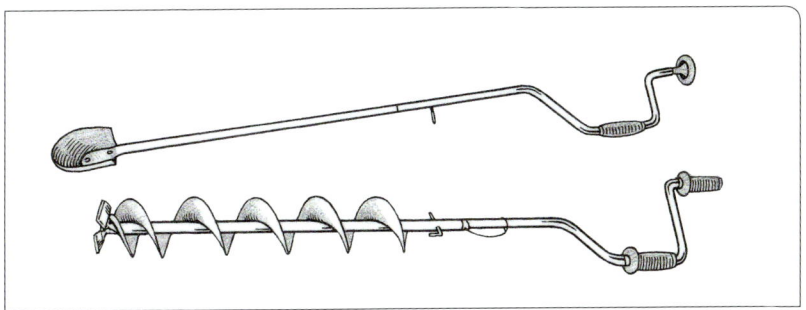

Rechte Seite: Wenn jetzt noch eine starke Eisdecke gefriert, steht dem erfolgreichen Eisangeln nichts mehr im Wege.

Im Winter treten beim *Auffinden der Fische* oft Probleme auf. Da Wasser bei 4 °C seine größte Dichte aufweist, sinkt es bei dieser Temperatur zum Gewässergrund. Die Fische folgen diesen Wassermassen, die über dem Grund ein gewisses temperaturkonstantes „Wärmepolster" bilden. Der Fisch steht also dicht am Grund und ist nur dort zu fangen. Sind die Winterstandorte der Fische nicht bekannt, so werden im rechten Winkel zum Ufer mehrere Löcher in Richtung Gewässermitte ins Eis gebracht. Nach Ausloten der Tiefe werden die Eislöcher systematisch beangelt, bis man einen Fischschwarm erwischt hat.

Dabei gilt die *Faustregel*: Erst ab 2 Meter Tiefe und nicht länger als jeweils 10 Minuten angeln, dann zum nächsten Loch gehen.

Die *wichtigsten Fische* des Eisanglers sind Plötze, Barsch, Blei und Güster. Fänge anderer, wärmeliebender Arten wie Karpfen oder Rotfeder sind Zufälle. Bei Eisbedeckung angelt man die vorgenannten Fischarten entweder mit einer speziell ausgelegten superleichten Friedfischangel oder mit der Mormyschkaangel.

Nur die superfeine, direkt am Grund geführte Montage bringt beim Eisangeln auf Friedfische Erfolg.

Beim Eisangeln mit der *Friedfischangel* ist folgendes zu beachten: Als *Rute* dient das obere Teil einer leichten Friedfischrute. Auch ein dünner Bambusschößling mit Spitzenring tut gleich gute Dienste. Kurze Ruten bis 2 m Länge sind von Vorteil, da der Angler beim Angeln so in unmittelbarer Nähe des Eisloches ist und selbst zaghafte Bisse gut beobachten kann. Wird zudem einmal ein größerer Fisch gehakt, so kann die kurze Rute notfalls auch in das Eisloch gesteckt werden, um ihre Biegsamkeit beim Drill – wenn auch unter Wasser – gezielt auszunutzen.

Die *Schnüre* sollten wesentlich dünner gewählt werden als allgemein noch üblich (0,08 bis 0,12 mm). Eine weitere Abstufung des Vorfachs ist bei diesen Schnurstärken nicht erforderlich.

Je nach Köder werden dünndrähtige scharfe *Haken* bester Qualität in den Größen 14 bis 18 empfohlen. Eine gut verbleite schlanke leichte *Pose*, deren Antenne nur bis 3 mm aus dem Wasser ragt, vervollständigt das Gerät.

Etwa 10 bis 15 m *Schnur* werden auf eine einfache Gehäuserolle oder auf ein Wickelbrett gefüllt, das mit

einem Gummi auf einfachste Weise am Rutenhandteil befestigt wird. Die Schnurlänge vor der Rutenspitze richtet sich nach der Wassertiefe.

Es wird hart am Grund geangelt (genau ausloten!), wobei das Einwerfen und das Ausheben stets über Hand erfolgen. Das gilt auch für den Drill eines gehakten Fisches. Nur der Anhieb beim Biss wird über die Rute geführt.

Tierische Köder wie Rotwürmer, Maden, rohes zartes Fleisch (Fleischfasern vom Filetstück), Käsewürfel und Schmelzkäse sind Teigködern und anderen pflanzlichen Ködern vorzuziehen.

Wichtig ist auch das sparsame, aber regelmäßige *Anfüttern*. Dabei geht es darum, den Fischschwarm an der Angelstelle zu halten. Als Lockfutter eignen sich Semmelmehl, Haferflocken, Grieß. Damit das Lockfutter besser absinkt, wird feuchter Sand untergemischt.

Der *Biss* des Friedfisches erfolgt im Winter meist sehr zaghaft. Taucht die Pose jedoch ab, so ist unverzüglich der Anhieb zu setzen. Auch hier der *Hinweis*: Je tiefer das Wasser und somit je länger die Schnur, um so härter der Anhieb. Das Dehnungsvermögen insbesondere sehr dünner Schnüre bewirkt bei zunehmender Schnurlänge, daß der Anhieb nur noch in stark abgeschwächter Form auf den Haken übertragen wird, wodurch die Möglichkeit eines Fehlbisses steigt.

Das *Angeln mit der Mormyschka* wurde in Russland, Kanada und in den skandinavischen Ländern gleichermaßen entwickelt. Vergleichen lässt sich dieses Gerät am ehesten mit der Tunkangel, obwohl sie, wie bereits an anderer Stelle betont, als Friedfischangel eingeordnet ist.

Die Mormyschka selbst kann von sehr unterschiedlicher Form, Farbe und Abmessung sein. Damit dieser Kunstköder überzeugend ein kleines Futtertier vortäuscht, darf er weder auf den Gewässergrund aufgelegt noch durch die verschiedenen Wasserschichten „hindurchgehetzt" werden. Vielmehr muss der Köder kleine, hüpfende, zitternde Auf- und Abwärtsbewegungen über dem Grund ausführen, die nicht länger als 10 cm sein dürfen.

Der Erfolg hängt überwiegend von der Bewegungsweise und erst in zweiter Linie von der Farb- und Formgebung des Köders ab. Die eigenschwere Mormyschka wird an einer sehr dünnen Schnur und an einer sehr kurzen Rute

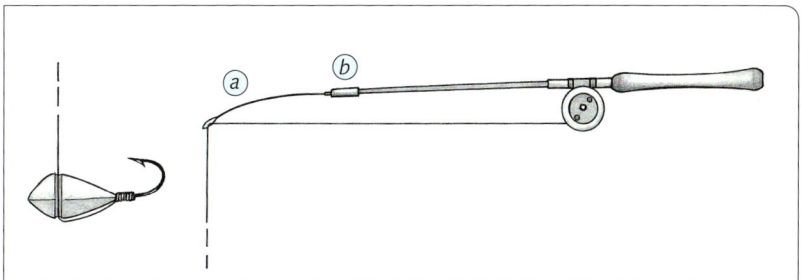

von nur 40 bis 50 cm Länge geführt. Die richtige Schnurstärke ist sehr wichtig, um den notwendigen und ständigen Kontakt zum Köder zu halten, denn es leuchtet ein,
dass ein Köder von vielleicht weniger als einem halben
Gramm nicht an einem „Abschleppseil", sondern nur an
einer Schnur von höchstens 0,10 bis 0,12 mm erfolgreich
geführt werden kann.

Abb. 48
Mormyschkarute und
Befestigung einer
Mormyschka:
a) Schwingspitze,
b) Ventilgummi oder
Plastikschlauch

Der Biss auf die Mormyschka ist meist nur sehr schwach,
mitunter kaum zu registrieren. Als Bissanzeiger verwendet
man daher am besten ein stärkeres Stück Dederon, das die
Rutenspitze praktisch verlängert und an dessen vorderem
Ende die Schnur durch eine Öse läuft (man kann auch
extrem dünnen Federdraht verwenden). Diese sehr sensible „Schwingspitze" wippt auch bei zaghaftesten Bissen
deutlich nach unten. Spürt man einen Biss, so ist blitzschnell, doch sehr vorsichtig, der Anhieb zu setzen.

Der gehakte Fisch wird auch hier über Hand gedrillt und
zum Eisloch geführt.

Spinnangeln

„Das Fischen mit der Spinnangel oder die Spinnangelei
ist diejenige Angelmethode, bei welcher ein toter oder
künstlicher Köder ausgeworfen und so durch das Wasser gezogen wird, daß er eine drehende Bewegung um
seine Längsachse macht, welche die Bezeichnung
'spinnen' führt." (KARL HEINTZ)

Die Technik des Spinnangelns

Das Gerät des Spinnanglers

Das Spinnangelgerät besteht aus der Rute, der Rolle, der Schnur und dem Spinnköder.

Spinnrute. Sie ist nicht nur der Teil des Gerätes, der neben der Schnur am stärksten beansprucht wird, sondern von ihr hängt es auch in hohem Maße ab, ob das Spinnangeln zum Genuss oder zum kraft- und nervenraubenden Gewaltakt wird. Bedenkt man, dass beim Spinnangeln ständig geworfen und anschließend der Köder herangeführt wird, um ihn erneut auszuwerfen, so wird erkennbar, dass nicht jede Rute dazu gleichermaßen geeignet ist. Sehr wichtig ist es, dass die meist zwischen 1,80 bis 2,80 m langen Wurfruten möglichst leicht sind.

Wenngleich Gerätehersteller vereinzelt auch noch Ruten aus Vollmaterial produzieren, so dominiert im modernen Wurfrutenbau heute die *Rute in Hohlbauweise,* die auch dem Spinnangelanfänger unbedingt zu empfehlen ist. Diese Ruten gibt es als geteilte Modelle mit integrierten hülsenlosen Steckverbindungen und als Teleskopruten, sogenannte „kurzgeteilte" Ruten, die zusammengeschoben in jede Reisetasche passen. Die letztgenannte Rutenausführung ist aus verschiedenen, hier nicht näher zu erläuternden Gründen vorerst nichts für Anfän-

ger und sollte möglichst nicht Bestandteil der Erstausstat-
tung werden.

Auch Spinnruten gibt es in den bereits zuvor beschrie-
benen Aktionsformen (s. Seite 27). In der Mehrzahl der
am Fischwasser vorkommenden Situationen ist man mit
einer Rute progressiver Aktion am besten ausgestattet.

Griff, Rollenhalter und Ringe zählen zum Zubehör einer
Spinnrute. Wie schon im Abschnitt Das Gerät des Grundanglers auf Seite 25 dargestellt – dort allerdings unter anderer Sicht –, kann das Rutenzubehör recht unterschiedlich
gestaltet sein.

Die meisten Spinnrutenmodelle tragen einen *Schraubrollenhalter*, der zusammen mit dem aus Kork, ge-
schäumtem Kunststoff oder anderen Materialien bestehenden Rutengriff eine Einheit bildet. Die *Griffgestaltung*

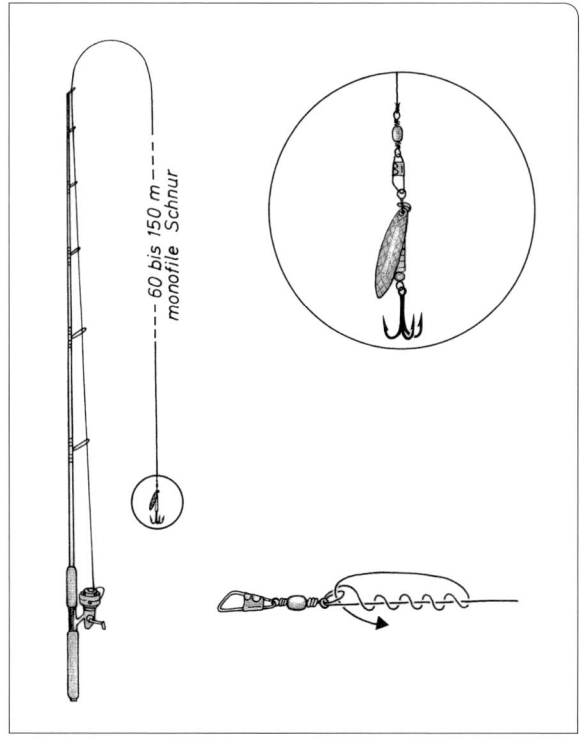

Abb. 49
Montierte Spinnangel
(Prinzipdarstellung)

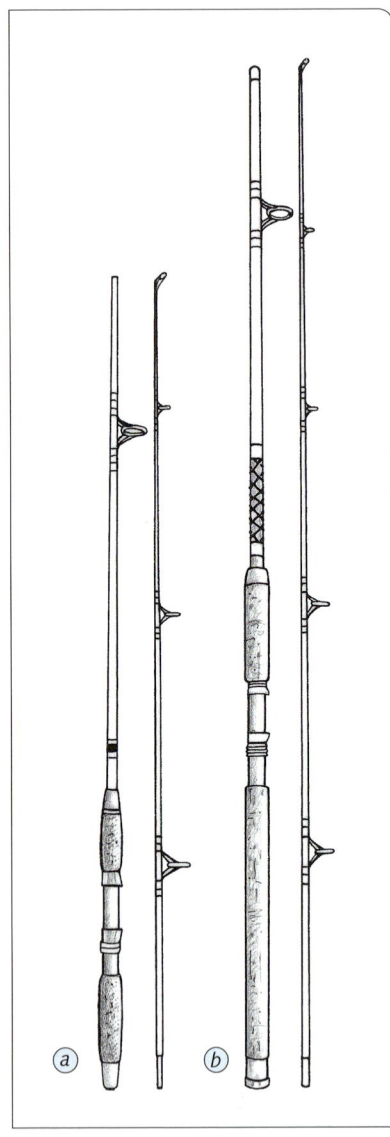

Abb. 50
Einhandspinnrute (a) und Zweihand-
spinnrute (b)

hängt u. a. auch davon ab, ob man es mit einer leichten, sogenannten Einhandrute oder mit einer schwereren Zweihandrute zu tun hat (Abb. 50). Schließlich sei erwähnt, daß es Spinnrutengriffe gibt, die speziell für die Verwendung der bei uns allerdings selten benutzten Multirolle ausgelegt sind.

Wenn bereits bei beringten Grundruten hohe Qualitätsmaßstäbe an die *Beringung* gelegt wurden, so gilt das erst recht für Spinnruten. Ich kenne keine Statistik, die ausweist, wie viele Würfe ein fleißiger Spinnangler während eines mehrstündigen Angelausfluges ausführt, doch schätze ich, dass es einige Hundert sind. Wenn man nur einmal 200 Würfe mit einer durchschnittlichen Wurfentfernung von 30 m unterstellt, so ergibt das bereits die stattliche Menge von 6000 m Schnur, die unter einer gewissen spinnbedingten Spannung durch die Ringe auf die Rolle zurückgeführt werden müssen. Besonders der Spitzenring und die oberen Laufringe sollten deshalb mit Harteinlagen aus gesinterten Metallen versehen sein.

> Spitzen- und obere Führungsringe von Spinnruten müssen immer auf Schnureinschnitte untersucht werden. Schon bei geringen Beschädigungen muß ein Ringaustausch erfolgen.

Für die Spinnrutenberingung ist charakteristisch, dass die einzelnen Laufringe in Richtung Leitring (griffnächster Ring) einen immer größeren

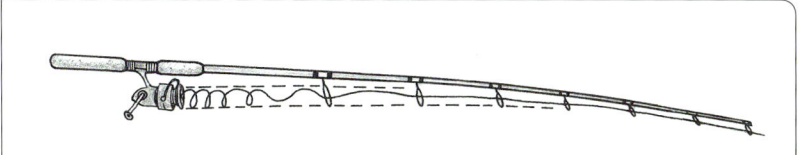

Durchmesser haben; der Leitring selbst ist am weitesten. Das ist deshalb erforderlich, damit beim Wurf von der Stationärrolle der Reibungswiderstand der Schnur in den Rutenringen so gering wie möglich gehalten wird. Die mögliche Wurfweite und die Wurfgenauigkeit werden dadurch maßgeblich beeinflusst.

Abb. 51
Durch weite Ringe wird beim Wurf der Reibungswiderstand der Schnur vermindert

Rolle. Bei keiner anderen Angelmethode ist die Rolle von so großer Bedeutung wie beim Spinnangeln, denn erst durch ihre Hilfe wird es möglich, die oft nur wenige Gramm wiegenden Spinnköder selbst über weitere Entfernungen sicher ins Ziel zu bringen.

Seit Jahrzehnten hat sich beim Spinnangeln weltweit die Stationärrolle durchgesetzt. Sie hat durch ihre überzeugenden Gebrauchswerteigenschaften die sogenannte Multirolle – zumindest in unseren Breiten – nahezu verdrängt. Lediglich beim Meeresangeln auf mittlere bis starke Fische bleibt die Multirolle unverzichtbar. Die an eine solide Stationärrolle zu stellenden Ansprüche wurden bereits im Abschnitt „Das Gerät des Grundanglers", Seite 28, formuliert.

Schnur. Entsprechendes gilt für die Schnur, so dass auf Wiederholungen verzichtet werden kann.

Spinnköder. Die Mannigfaltigkeit der Spinnköder ist zunächst verwirrend, doch zeigt sich bei genauerem Hinsehen, dass die Dinge tatsächlich weniger dramatisch sind. Spinnköder werden in künstliche und natürliche unterteilt. Alle Spinnköder bzw. deren Blätter drehen sich beim Angeln mehr oder weniger schnell um ihre eigene Achse oder führen taumelnde und torkelnde Bewegungen aus. Bei direkter Verbin-

> Die Vielfalt käuflicher Spinnköder ist verwirrend. Zu Beginn reichen dem Spinnangler drei oder vier verschiedene Blinker- und Spinnermodelle in jeweils kleiner bis mittlerer Größe.

Wenn untermaßige, kleine Fische so beherzt auf den Spinner gehen, muss aus Hegegründen sofort ein größerer Köder verwendet oder das Angeln eingestellt werden.

dung Spinnköder/Schnur würde die Drehung des Köders direkt auf die Schnur übertragen werden. Lästige Schnurverdrallungen wären die unausbleibliche Folge. Deshalb wird dem Spinnköder stets ein leicht laufender Wirbel vorgeschaltet.

Auf spezielle Vorfächer sollte grundsätzlich verzichtet werden, denn ihr vielfach behaupteter angelpraktischer Wert ist oft wenig überzeugend.

Künstliche Spinnköder. Zu ihnen zählt man Blinker, Spinner, Wobbler und Weichplastikköder, sieht man von solchen speziellen Ködern wie z. B. dem Pilker oder dem Jig einmal ab.

Blinker sind solche Spinnköder, die sich beim Zug durch das Wasser aufgrund ihrer meist löffel- oder fischartigen Grundform teils langsam um ihre eigene Körperachse drehen, teils taumelnd oder schwänzelnd im Wasser bewegen. Gewöhnlich sind Blinker mit nur einem, als Schwanzdrilling montierten Haken ausgestattet, doch kann auch zusätzlich ein Kopfdrilling montiert sein (z. B. Heintzblinker).

Die Haken sind mittels kleiner Sprengringe befestigt und so im Bedarfsfall schnell zu wechseln.

Vielfach ist festzustellen, dass im Handel erworbene Blinker mit viel zu kleinen Haken ausgestattet sind. Als Faustregel sollte man sich merken, dass die Größe des Drillings etwa der größten Breite des Blinkerkörpers entsprechen sollte.

Weiterhin ist von einem Blinker zu fordern, dass er eigenschwer ist, d.h. keiner zusätzlichen Beschwerung

Abb. 52
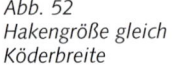
Hakengröße gleich Köderbreite

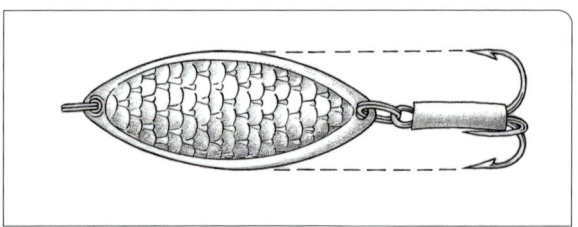

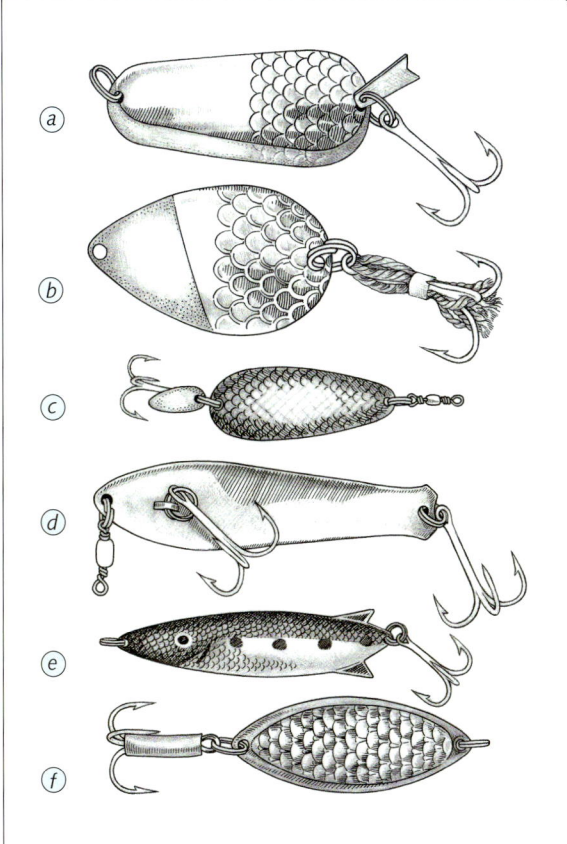

Abb. 53
Bewährte Blinker:
a) Z-Blinker;
b) Breiter Löffel;
c) Salar;
d) Heintzblinker;
e) Toby;
f) Mepps-Spoon

bedarf, um ihn werfen zu können. Die Festlegung des Ködergewichts hängt aber auch von den Gewässerverhältnissen ab. Angelt man in größeren Tiefen oder in schnelleren Strömungen, so kommt man mit schwereren Ködern verständlicherweise besser ans Ziel, während man in flachen Stillwasserbereichen den leichteren Blinker vorzieht.

Sehr bewährte Blinker, mit denen man nahezu allen Situationen gewachsen ist, sind z.B. der schon erwähnte Heintzblinker, der Z-Blinker und der Toby.

Spinner sind solche Köder, bei denen sich beim Zug durchs Wasser ein löffel- bis lanzettförmiges Blatt rotierend

Abb. 54
Bewährte Spinner:
a) Mepps-Aglia;
b) Mepps-Longue
(long);
c) Mepps-Fisch;
d) Mepps-Lusox;
e) Terrible-Spinner;
f) Devon mit Kopf-
propeller

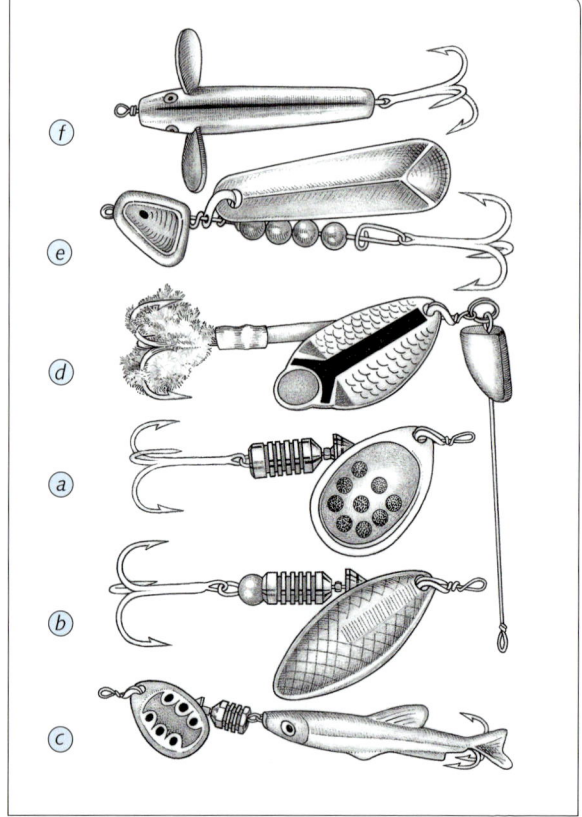

um eine Achse bewegt, an deren hinterem Ende der Drillingshaken befestigt ist. Spinner tragen unterhalb der
Blattaufhängung auf der Achse in der Regel ein entsprechendes Gewicht, damit die erforderliche Eigenschwere
erzielt wird. Es gibt aber auch Modelle, bei denen der
Schwerpunkt vor dem Spinnerblatt liegt (Bleikopfspinner).

Im weitesten Sinne ist auch der Devon zu den Spinnern
zu zählen. Dieser in der Regel recht kleine Köder besteht
aus einem tropfen- bis zigarrenförmigen Körper, der an
seinem Vorderende kleine Turbinenflügel trägt. Sobald er
durch das Wasser gezogen wird, gerät der Körper in Dreh-
bewegungen.

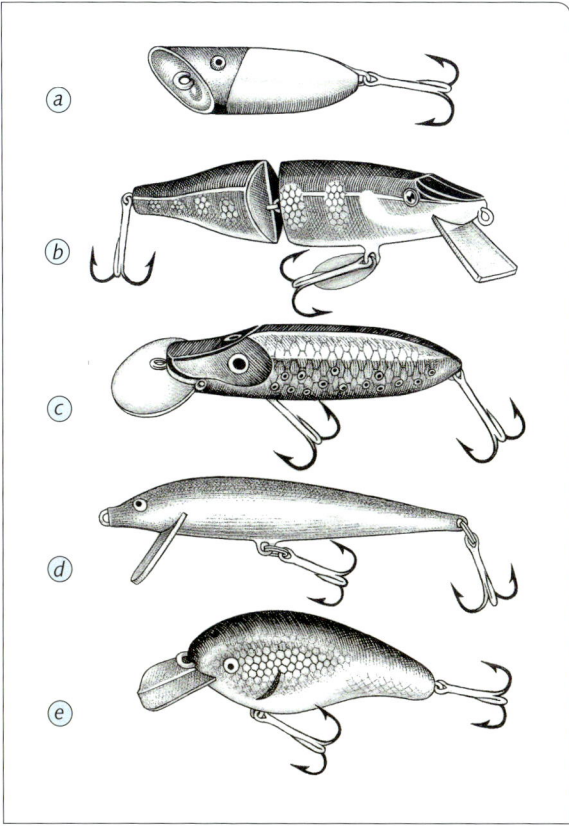

Abb. 55
Bewährte Wobbler:
a) Oreno;
b) Hechtwobbler;
c) Hi-Lo-Wobbler;
d) Rapala-Wobbler;
e) Big-S

Schließlich sei noch die Spinnfliege genannt, die, versehen mit einem kleinen Kopfpropeller, nichts anderes als eine Abwandlung des Devons ist.

Wobbler zählen nach meinen Beobachtungen zu den bei uns zu Unrecht vernachlässigten „Stiefkindern" unter den künstlichen Spinnködern. Die aus Holz oder Kunststoff bestehenden Köder imitieren auf zum Teil recht naturgetreue Weise Futtertiere, für die sich Raubfische interessieren, hauptsächlich kleine Fische.

Wobbler gibt es in schwimmenden, schwebenden und in langsam bis schnell sinkenden Ausführungen. Vielfach sind Wobbler am Kopfende mit einer Tauchschaufel ausgestattet, die je nach Anstellwinkel und Geschwindigkeit des Schnurzuges das schwänzelnde Ab- und Auftauchen des Köders bewirkt.

Gewöhnlich sind diese Köder mit einem Bauch- und einem Schwanzdrilling ausgestattet. Der große Vorteil des Wobblers gegenüber allen anderen künstlichen Spinnködern besteht darin, dass man mit ihm „spielen" kann. Man ist nicht darauf angewiesen, ihn ununterbrochen zu bewegen, was bei Blinkern, Spinnern und Weichplastikködern der Fall ist. Vielmehr kann man ihn intervallartig führen, d.h. im Wechsel von Pause und Bewegung, man kann ihn mit der Strömung abtreiben oder auf einen bekannten oder vermuteten Fischstandort zutreiben lassen, man kann ihn über Krautbetten, die bis dicht unter die Wasseroberfläche reichen, verführerisch anbieten, usw. Das alles bietet nur der Wobbler.

Weichplastikköder. Sie sind eine sehr interessante Neuerung auf dem Spinnködersektor, die sich erst vor etwa 25 Jahren mit der Entwicklung sehr weichen Plastikmaterials vollzog. Aus diesem weichen Material werden perfekte Nachbildungen aller möglichen Futtertiere in allen nur denkbaren Formen, Größen und Farben herge-

Abb. 56
Weichplastikköder:
a) Twister, montiert am Bleikopf mit festem Einfachhaken;
b) Shad, montiert am Bleikopf mit beweglichem Doppelhaken;
c) Bleiköpfe; d) Shad mit Fransenschwanz;
e) „Haddoc's Phantom", Doppelschwanz mit Fransen

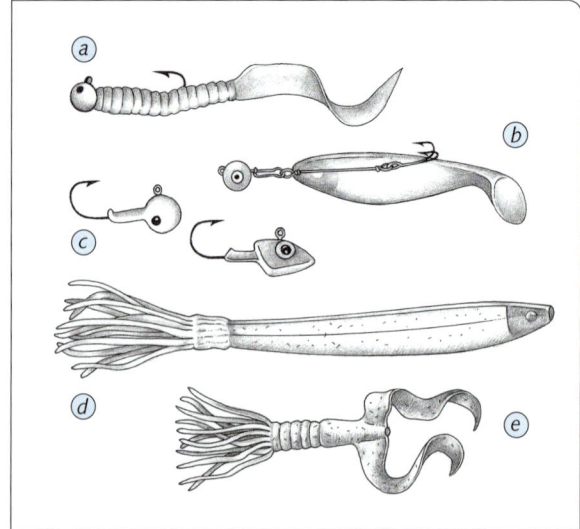

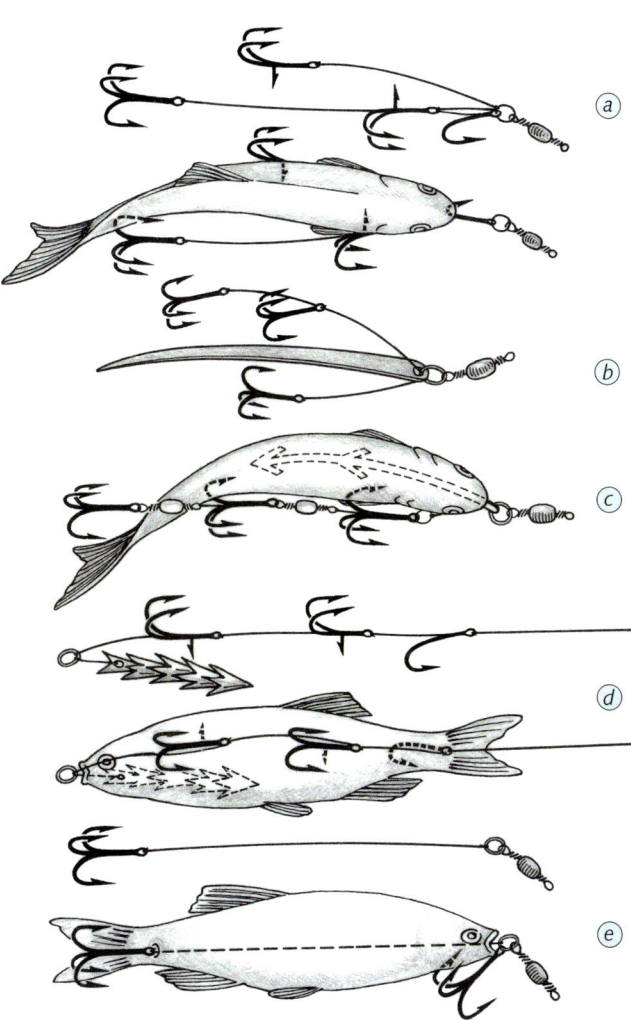

Abb. 57
*Bewährte Köderfischsysteme: a) Wobbelsystem; b) Lanzettsystem;
c) Schmidt-System; d) Trollangelsystem; e) Eindrillingssystem (oben) mit
zusätzlichem Kopfdrilling (unten)*

Rechte Seite: Im Sturzkessel des Berg-baches ist die leichte Spinnangel gefragt

stellt. Neben der optischen „Echtheit" verleihen Weichplastikköder dem Raubfisch auch ein „Bissgefühl", das dem eines Naturköders sehr nahe kommt. Das alles erklärt im Zusammenspiel mit der sehr variablen Führbarkeit dieser Köder den Erfolg beim Spinnangeln.

Die bekanntesten Weichplastikköder sind der *Twister* und der *Shad*. Sie werden an speziellen Haken mit einem Bleikopf befestigt.

Natürliche Spinnköder. Hierbei handelt es sich in der Regel um tote Köderfische, die sich vortrefflich zum Fang verschiedener Raubfische eignen. Um so unverständlicher, dass sie nur von wenigen Anglern genutzt werden. Die toten Köderfische werden jedoch erst in Verbindung mit einem sogenannten System zum Köder (Abb. 57).

Ein *System* ist ein im allgemeinen mit Drillingshaken bestückter Mechanismus, an dem der tote Köderfisch befestigt wird. Es gibt Dutzende verschiedener Systeme, aber auch so manche unzweckmäßige Spielerei ist dabei.

Tote Köderfische am System lassen sich, ähnlich dem Wobbler, viel wirkungsvoller anbieten, als es Blinker und Spinner gestatten. Nicht zuletzt aus diesem Grund ist dieser immer wieder überzeugende Köder besonders für „überblinkerte" Gewässer geeignet, in denen ein Raubfisch so leicht nicht mehr auf den Blechköder hereinfällt.

Gerätezusammenstellung

In der Regel kommt der Spinnangler in unseren Breiten mit einem leichten und einem mittleren Spinnangelgerät aus. Ein schweres Gerät ist nur erforderlich, wenn man hierzulande nicht all zu häufig vorkommende Welse oder extrem tief stehende kapitale Hechte beangeln will.

Folgende Spinnangelgeräte werden unterschieden:

(1) Das leichte Spinnangelgerät
Rute: leichte, sensible Rute in Hohlbauweise von 1,60 bis 1,90 m Länge (Einhandrute)
Rolle: kleine Stationärrolle
Schnur: monofil, 0,18 bis 0,22 mm Durchmesser mit Tragkraft von 2,5 bis 3,5 kg; Rollenspule fast randvoll gefüllt, mindestens jedoch 60 bis 80 m Schnurlänge
Köder: Löffelspinner der Größen 0 bis 2, Devon und Blinker bis 30 mm Länge.

(2) Das mittlere Spinnangelgerät
<u>Rute</u>: Rute in Hohlbauweise von 1,90 bis 2,40 m Länge
(Ein- oder Zweihandrute)
<u>Rolle</u>: mittlere Stationärrolle
<u>Schnur</u>: monofil, 0,22 bis 0,35 mm Durchmesser mit
Tragkraft von 3,5 bis 8 kg; Rollenspule fast randvoll ge-
füllt, mindestens jedoch 80 bis 100 m Schnurlänge
<u>Köder</u>: Löffelspinner der Größen 3 bis 5, Blinker und
Wobbler bis 80 mm Länge, toter Köderfisch am System.

(3) Das schwere Spinnangelgerät
<u>Rute</u>: Rute in Hohlbauweise von 2,40 bis 2,80 in Länge
mit steifem Rückgrat (Zweihandrute)
<u>Rolle</u>: robuste Stationärrolle mit großer Schnurtrommel
<u>Schnur</u>: monofil, 0,40 bis 0,50 mm Durchmesser mit ei-
ner Tragkraft von 10 bis 17 kg; Rollenspule fast randvoll
gefüllt, mindestens jedoch 150 m Schnurlänge
<u>Köder</u>: große Löffelspinner, Blinker und Wobbler über 80
mm Körperlänge, toter Köderfisch am System bis zu 150
mm Länge.

Die *sachgerechte Verbindung* der einzelnen Bestandteile
eines Spinnangelgerätes ist denkbar einfach. Da Rute und
Rolle ohnehin durch funktionssichere Rollenhalter verbunden werden, bleibt lediglich folgende gute Verbindung
Schnur/Spinnköder zu empfehlen: Spinnköder bindet man
am besten mit dem *doppelten Öhrknoten* an die Schnur
(s. Abb. 32), wobei, um es an dieser Stelle nochmals zu
sagen, dem Spinnköder grundsätzlich ein *leicht laufender
Wirbel* vorzuschalten ist.

Die Wurftechnik beim Spinnangeln
Es wird vorausgesetzt, dass der Angler bereits durch den
Umgang mit der beringten und mit einer Rolle versehenen
Grundangel annähernd das richtige Gefühl für den Bewe-
gungsablauf beim Wurf erworben hat. Wenn die beim
Grundangeln erforderlichen Würfe auch bei weitem nicht
die Rasanz der beim Spinnangeln üblichen Würfe errei-
chen, so sind hier dennoch die gleichen
Grundsätze zu beachten.

| Achtung! | Auf die Wurfge-
nauigkeit kommt es an; erst
dann geht es um die Wurfweite. |

Beim Spinnangeln sind zwei Würfe
besonders gefragt: Der Überkopfwurf
und der Seitenwurf.

Überkopfwurf. Geht es darum, den Spinnköder über größere Entfernungen präzise ins Ziel zu bringen, so eignet sich dazu besonders der Überkopfwurf, da die senkrecht über dem Angler verlaufende Bewegungsebene der beim Wurf vorgeschlagenen Rute mit der Wurfrichtung übereinstimmt. Dem Vorteil der sehr einfach zu sichernden Zielrichtung steht der Nachteil gegenüber, dass die Flugbahn des geworfenen Köders meist recht hoch ansteigt. Folglich klatscht der Spinnköder am Ende der Flugbahn oft ziemlich derb ins Wasser. Mit zunehmender Übung läßt sich jedoch auch hier eine flachere Bahn erzielen.

Bewegungsablauf: Die etwa in der 11-Uhr-Stellung verharrende Rute wird zügig senkrecht über den Kopf nach

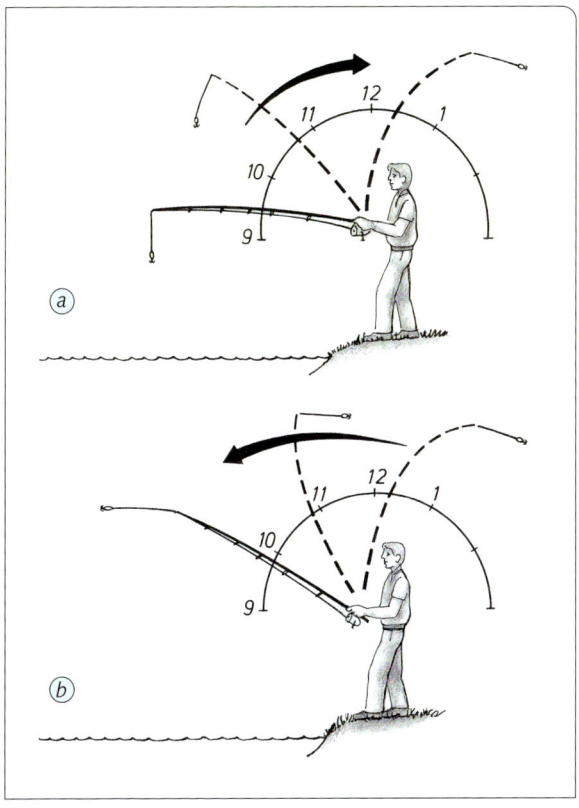

Abb. 58
Überkopfwurf
(Prinzipdarstellung):
a) Rückschwung der
senkrecht über dem
Kopf geführten Rute;
b) Vorschwung und
Freigabe der Schnur
bei etwa 10 Uhr

hinten in die 14-Uhr-Stellung bewegt, wobei der Rollenbügel der Stationärrolle geöffnet ist und der Zeigefinger
der Wurfhand die nach vorn durch die Ringe führende
Schnur hält. Der 20 bis 30 cm vor dem Spitzenring an der
Schnur festsitzende Spinnköder wird dabei ebenfalls nach
hinten gezogen. Dabei überträgt er auf die Rute einen
nach hinten gerichteten Schnurzug, der in der Wurfhand
deutlich spürbar ist. Kurz bevor der Spinnköder den hinteren Totpunkt des Rückschwunges erreicht hat, setzt die
Wurfhand zum kraftvollen Vorschwung an, der bis in die
10-Uhr-Stellung geführt wird. Beim 10-Uhr-Stopp gibt der
Zeigefinger der Wurfhand die Schnur frei. Jetzt fliegt der
Spinner in Zielrichtung.

Die Wurfweite – neben der Wurfrichtung die zweite
Komponente eines zielgenauen Wurfes – wird durch den
Krafteinsatz des Vorschwunges gesteuert. Ein bewährtes
Mittel zur Sicherung der exakten Wurfweite besteht darin,
etwas kraftvoller als erforderlich zu werfen, um danach
den Schnurzug des auf den Zielpunkt zufliegenden Köders
durch das wohldosierte Auflegen des Zeigefingers auf den
Spulenrand der Stationärrolle so zu bremsen, dass der
Köder das Ziel genau erreicht.

Seitenwurf. Er wird beim Spinnangeln mindestens ge-
nausooft benötigt wie der Überkopfwurf.

Wenn es dem Anfänger in der Regel, aber auch zum Teil
noch dem Fortgeschrittenen schwerfällt, den Seitenwurf
sauber und präzise zu setzen, so muss das erst recht ein
Grund sein, ihn fleißig zu üben. Oftmals ermöglicht es erst

*Abb. 59
Seitenwurf (Prinzip-
darstellung)*

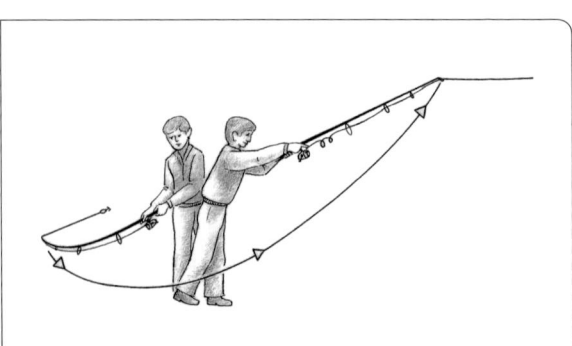

der Seitenwurf, Gewässer zu beangeln, deren Uferbereiche Baumbewuchs und andere Hindernisse aufweisen. Unter ihnen muß man sicher hindurchwerfen können, was durch die flache Wurfbahn, die diesen Wurf kennzeichnet, mit etwas Übung auch möglich ist. Die Zielgenauigkeit des Seitenwurfes hängt maßgeblich davon ab, wann der Zeigefinger der Wurfhand die Schnur von der Rolle freigibt. Das zeitliche Optimum der Schnurfreigabe zu finden, setzt im doppelten Sinne viel Fingerspitzengefühl voraus. Gibt man die Schnur beim Vorschwung zu früh frei, so liegt die Wurfbahn rechts vom Ziel; wartet man damit zu lange, liegt sie links vom Ziel.

Die Rasanz dieses Wurfes ist an der nach hinten gespannten Spinnute gut zu erkennen.

Bewegungsablauf: Die Bewegungsebene beim Seitenwurf ist gegenüber der des Überkopfwurfes seitlich um 90 Grad „gekippt". Die Rutenspitze zeigt in der Ausgangsposition des Wurfes auf das Ziel, während sich die Rolle in Wurfbereitschaft befindet. Nun wird die Rute seitlich nach hinten geschwungen, wobei auch hier der nach hinten gerichtete Schnurzug des ebenfalls zurückgeschwungenen Spinnköders abzuwarten ist, bevor der Vorschwung ausgeführt wird. Dieser endet mit einem Stopp etwa 30 bis 40 Grad vor der Ausgangsposition bei gleichzeitiger Schnurfreigabe und wird so ausgeführt, dass die Rutenspitze eine nach schräg oben gerichtete Bahn beschreibt.

Der Seitenwurf kann in Anlehnung an die Tennissprache als Vorhandwurf und als Rückhandwurf ausgeführt werden.

Von beiden Würfen, die vorstehend beschrieben wurden, gibt es zahlreiche *Abwandlungen*. Selten sind Würfe in so lupenreiner Form zu sehen, wie es Lehrbücher ausweisen. Die Vielgestalt der Bedingungen am Fischwasser zwingt schnell zum Improvisieren und beweist, dass es mit dem Beherrschen von zwei Wurfarten nicht getan ist. Wer aber das Grundkonzept des Wurfes mit der Spinnangel einmal verinnerlicht hat, der findet von selbst die erforderlichen Ergänzungen und Wurfabwandlungen. Auch hier gilt: Nur Übung macht den Meister.

Die Taktik des Spinnangelns

Spinnangeln auf Hecht

Schon auf Seite 93 wurden das Standortverhalten und die Futterreaktion des Hechtes vorgestellt.

Obwohl man den Hecht während der ganzen Angelsaison mit der Spinnangel erbeuten kann, gibt es innerhalb der Saison gute und weniger gute Zeiträume, während denen der Hecht „blechanfällig" ist.

Guten Erfolg versprechen dem Spinnangler im Frühjahr die ersten Wochen nach der Schonzeit und die Zeit vom Frühherbst bis Ende Dezember. Was die Maiwochen betrifft, so fasst der Hecht vermutlich deshalb so „leichtfertig" nach Spinner, Blinker, Wobbler oder sonstigem Spinnköder, weil ihm während der Schonzeit das Spinnködersortiment der Angler in „Vergessenheit" geraten ist. Im Herbst verhält es sich mit der Beißfreude des Hechtes etwas anders. Unter Wasser beginnt sich das Leben langsam auf die kalte Jahreszeit umzustellen. Die Weißfischschwärme ziehen sich bereits in die tieferen Gewässerabschnitte zurück, während der Hecht – bedingt durch sein Lauerräuberdasein – regelmäßig den Anschluss verpasst und mit knurrendem Magen noch einige Zeit zurückbleibt. Der Hunger überlagert dann schnell die Vorsicht, und so erklären sich die guten Chancen herbstlichen Spinnangelns.

> Die ersten Würfe mit der Spinnangel fechern immer den Nahbereich ab. Erst dann werden die mittleren und weiter entfernten Bereiche angeworfen.

In der warmen Jahreszeit steigen die Fangaussichten beim Hechtspinnen an kühlen und windigen Tagen, wäh-

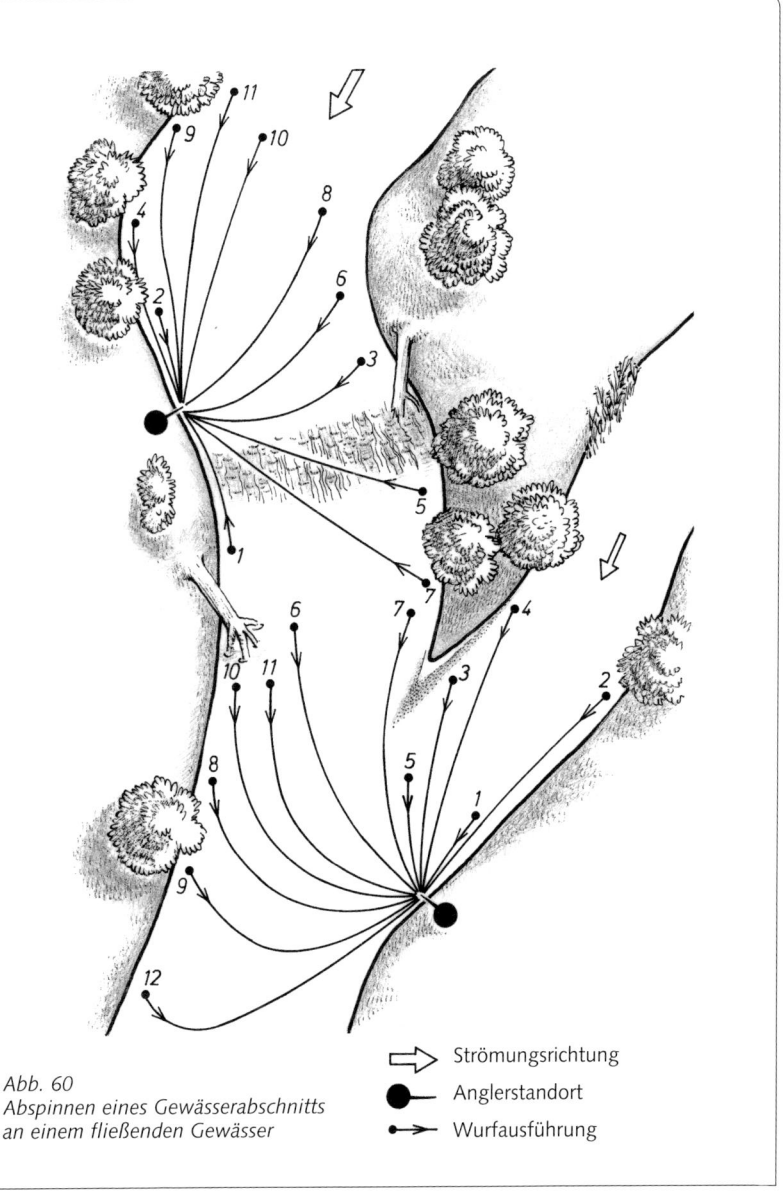

Abb. 60
*Abspinnen eines Gewässerabschnitts
an einem fließenden Gewässer*

⇨ Strömungsrichtung

● Anglerstandort

●▸ Wurfausführung

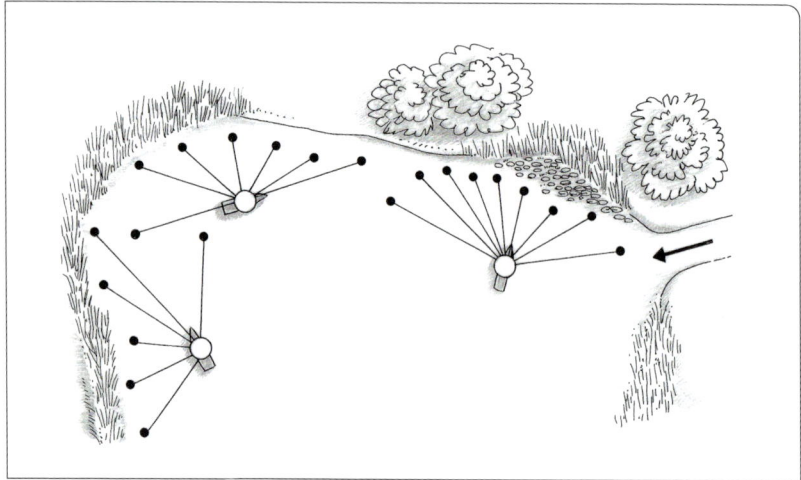

Abb. 61
Abspinnen der Ufer-
zone eines Sees vom
Boot aus

Rechte Seite:
Kleinere müde ge-
drillte Hechte lassen
sich bei etwas Übung
mit diesem Nacken-
griff im Wasser fassen
und ausheben.

rend ab Oktober bis zum Jahresende milde Witterung verheißungsvoll ist.

Für das Spinnangeln mit künstlichen Ködern, insbesondere Blinker und Spinner, benötigt man ein *mittleres Angelgerät*. Lediglich dann, wenn man mit größerer Wahrscheinlichkeit zu kapitalen Hechten Kontakt bekommt, wäre ein schweres Spinnangelgerät zu erwägen. Wiederholt wurde ich Zeuge, als Hechte jenseits der 10-Kilo-Grenze ohne jegliche Probleme mit einer mittleren Spinnrute und 30er Schnur gefangen wurden. Allgemein reicht sie völlig aus.

Welche *Spinnköder* verwendet werden sollten, kann nicht pauschal beantwortet werden. Oft sind von Gewässer zu Gewässer ganz unterschiedliche Köder sowohl hinsichtlich ihrer Form und Größe als auch ihrer Farbgebung gefragt. Dennoch kommt man mit drei bis vier verschiedenen Modellen unterschiedlicher Größe in der Mehrzahl der Gewässer aus.

Der Spinnköder wird in der *warmen Jahreszeit* im Mittelwasserbereich, *im Herbst* und später in Grundnähe langsam und abwechslungsreich angeboten. Die zu empfehlenden Verführungskünste des Spinnköders reichen

> Jeder Zupfer oder Ruck beim Einholen des Spinnköders muss mit einem Anhieb quittiert werden – es könnte ein Biss sein!

vom taumelnden Geradeauslauf bis hin zum wechselnden Heben und Sinkenlassen. Da der Köder dem Hecht ein leicht erreichbares Futterfischchen vortäuschen soll, wäre es falsch, wenn man ihn über den Gewässergrund oder, was noch aussichtsloser wäre, ihn oberflächennah hinweghetzen würde.

Sofern die *Uferbereiche* eines Gewässers einigermaßen tief sind, werden zuerst diese mit der Spinnangel abgesucht, denn hier stehen Hechte besonders gern, oft hart am Ufer oder sogar in Uferauswaschungen und Faschinen. Weitere beliebte Standplätze sind die seeseitigen Bereiche der Rohr- und Schilfgürtel. Diese Standplätze werden am besten vom Boot aus befischt, wobei es darauf ankommt, den Köder möglichst dicht ans Rohr oder Schilf heranzuwerfen. Schließlich sollte man auch die Schar systematisch beangeln, denn auch hier gibt es für den Hecht manch gute Lauerposition.

Wenig sinnvoll ist es, wahllos tiefe Freiwasserflächen zu beangeln, denn hier bringt höchstens der Zufall einen Fisch an den Haken.

Noch ein Tip, um sommerlichen blinkermüden Hechten mit der Spinnangel beizukommen. Wie bereits oben festgestellt, gibt es während der warmen Jahreszeit eine Spinnangelflaute. Dennoch braucht der Spinnangler nicht zu verzichten, sofern er den richtigen Köder einsetzt – das Köderfischsystem. Welches System verwendet wird, muss jeder selbst entscheiden. Ich selbst bevorzuge das *Eindrillingsystem*, bestehend aus einer 6 bis 8 cm langen Drahtachse, an dessen einem Ende ein großer Drilling befestigt ist und an dessen anderem Ende sich eine Einhängeöse befindet. Mittels einer Ködernadel wird die Drahtachse vom Weidloch her längs durch den toten Köderfisch gezogen. Die Einhängeöse ragt danach aus dem Fischmaul. Nachträglich verbiegt man die Drahtachse etwas, so dass auf diese Weise dem Köderfisch eine gekrümmte Haltung verliehen wird. Diese Körperkrümmung fördert beim Spinnen das möglichst auffällige, dem Raubfisch eine kranke und leicht erreichbare Beute vortäuschende Bewegungsspiel. Zusätzlich kann man in die vordere Einhängeöse einen Kopfdrilling einhängen.

Das Köderfischsystem muss sehr langsam und „zuckelnd" geführt werden. Man sollte es auch mal bis

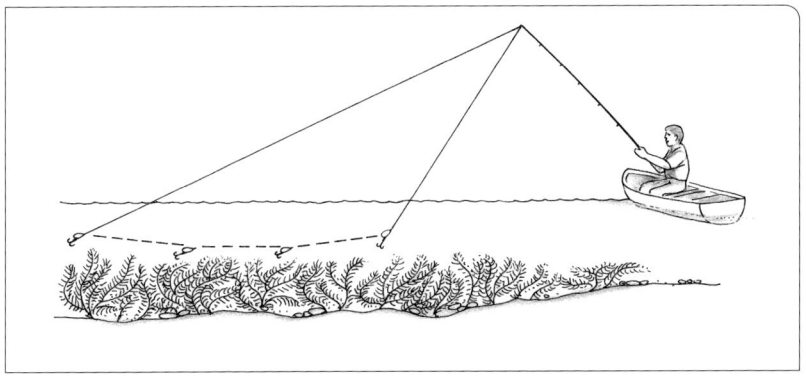

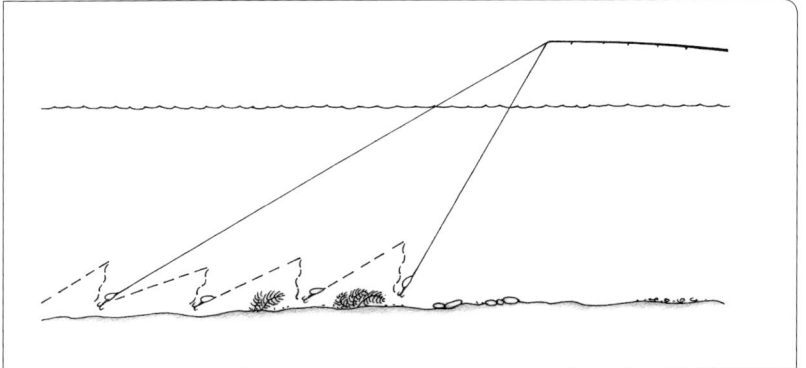

zum Gewässergrund absinken lassen, um es halbmeterweise über einen längeren Abschnitt heranzuzupfen.

Angelt man mit dem Köderfischsystem – entsprechendes gilt für den Wobbler –, muss man eine *härtere Spinnrute* und eine um mindestens 0,05 mm *stärkere Schnur* verwenden, als es beim Spinnangeln mit Blinker und Spinner erforderlich ist.

Warum dieser Unterschied? Zur Beantwortung dieser Frage müssen wir uns zunächst klarmachen, wie der Biss auf die verschiedenen Spinnköder erfolgt. Der *Biss auf einen Blinker oder Spinner* geht nahezu in allen Fällen mit einer unmittelbaren Hakenberührung einher, weil der Fisch den glatten Metallspinnköder so gut wie nicht zwischen den Kiefern festhalten kann. Es genügt oft ein ge-

*Oben: Abb. 62
Flachspinnen*

*Unten: Abb. 63
Tiefspinnen*

ringer Widerstand, ein leichter Ruck, der Köder rutscht im Fischmaul, und die Haken haben eine gute Chance, sich festzumachen. Oft sitzt der Haken auch ohne eigentlichen Anschlag, wenngleich man darauf trotzdem nicht verzichten sollte.

Beim *Biss auf Spinnsystem und Wobbler* hingegen graben sich die Zähne der Raubfische in den toten Köderfisch am System oder in den Wobbler regelrecht ein. Ein „normal" dosierter Anschlag rückt den Köder im Fischmaul daher nicht von der Stelle. Deshalb fassen auch die Haken in den meisten Fällen nicht sofort oder erst beim wiederholten Anschlag bzw. überhaupt nicht.

Die oft erlebten Misserfolge beim Einsatz von Spinnsystem und Wobbler lassen sich u. a. damit erklären. Bei diesen Spinnködern ist daher ein sehr *kräftiger Anschlag* erforderlich. Dieser gelingt jedoch nicht mit einer für Blinker und Spinner ausgelegten Gerätemontage. Deshalb benötigt man die bereits oben geforderte steifere Spinnrute sowie eine monofile Schnur, die nicht unter 0,35 mm stark ist. Erst die geforderte steifere Rute in ihrem Zusammenspiel mit den geringeren Dehnungseigenschaften einer stärkeren Schnur ermöglicht es, einen kräftigen Anschlag zu setzen, sobald beim Heranführen des Spinnköders ein Ruck oder ein anderes auf einen Biss hindeutendes Signal zu spüren ist.

Drill und Landung werden so ausgeführt, wie es bereits auf Seite 95 beschrieben wurde.

Spinnangeln auf Barsch

Viele erbeuten den Barsch beim Hechtspinnen gewissermaßen als „Beifang", befassen sich mit diesem für den Spinnangler reizvollen Fisch aber nicht gezielt. Wer mit den Lebensgewohnheiten des Barsches einigermaßen vertraut ist, wird mir zustimmen, dass es nicht ganz einfach ist, mit der Spinnangel bessere Barsche zu fangen, denn diese sind äußerst launisch.

Ganz offensichtlich ist die *Futterreaktion* dieses Fisches recht lichtabhängig. Im Sommer beißt er auf den Spinnköder besonders im ersten Dämmerlicht. Mit zunehmender Lichtstärke hört das Beißen oft schlagartig auf und beginnt erst wieder um die Zeit des Sonnenunterganges. Von Oktober bis Dezember wendet sich das Blatt; der Barsch beißt

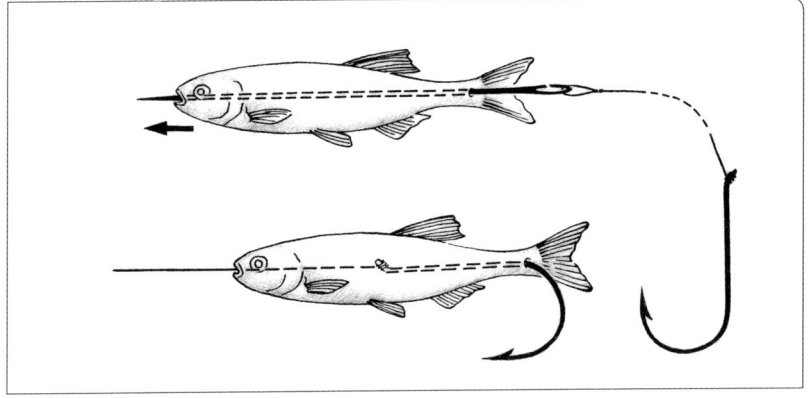

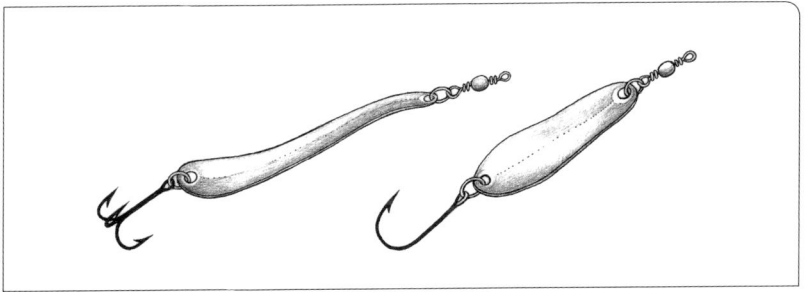

dann besonders gut an hellen sonnigen Tagen, und zwar um die Mittagszeit herum.

Der Spinnangler benötigt für den Fang des Barsches ein *leichtes Spinnangelgerät*. Die Rute sollte recht weich sein, um den Barsch, in dessen Maul der Haken sehr leicht ausschlitzen kann, gefühlvoll und vorsichtig drillen zu können. Die Schnur darf keinesfalls schwächer als 0,22 mm gewählt werden, da beim Barschspinnen erfahrungsgemäß immer wieder Hechte und Zander zufassen.

Kleine Löffelspinner, Blinker und Twister sind bewährte Barschköder, doch sollte auch der kleine tote Köderfisch am Einhakensystem nicht unterschätzt werden.

Spinner und *Blinker* wirft man aus und lässt sie bis zum Grund sinken. Setzt der Köder am Grund auf, wird die ausgeworfene Schnur sofort schlaff. Erst jetzt wird die leichte Stationärrolle, deren Bremse weich eingestellt ist, in

Oben: Abb. 64
Toter Kleinfisch am Einfachhaken (Einhakensystem); ein hervorragender Barschköder

Unten: Abb. 65
Kleinpilker zum Barschfang

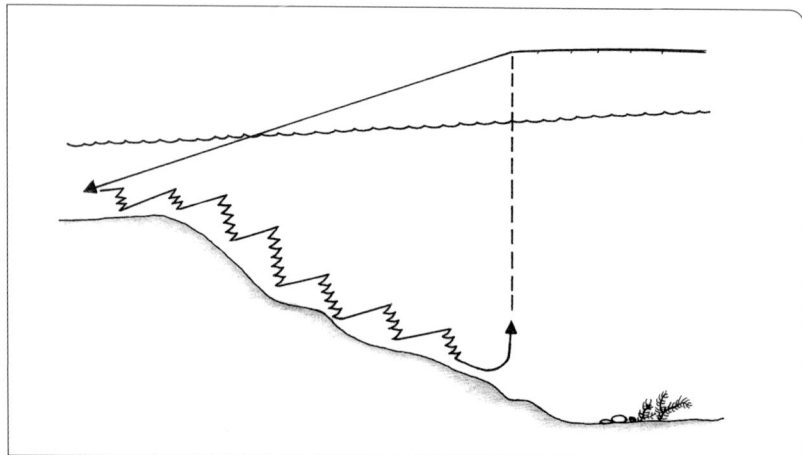

Oben: Abb. 66
Pilkerführung am
Barschberg vom Tief-
wasser aus

Rechts: Abb. 67
Vertikale Führung des
Barschpilkers vom
Boot aus

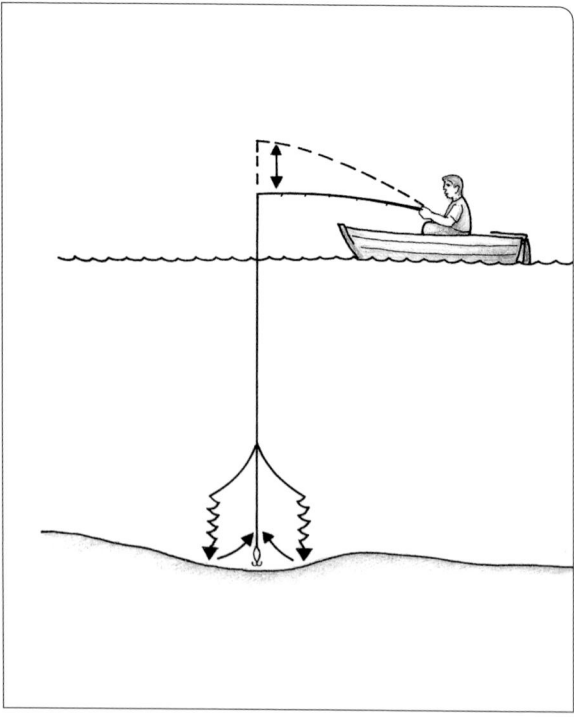

Bewegung gesetzt. Die Rutenspitze ist fast bis zur Wasseroberfläche gesenkt. Der Köder wird langsam dicht über den Grund geführt. Kleine Tempoänderungen, ein gelegentliches Absackenlassen des Köders, ein seitliches Ausschlagen der Rutenspitze – alles das sind Tricks, die die Reizwirkungen des Spinnköders erhöhen. Der *Barschbiss* ist als mehrmaliges kurzes Rucken sofort vom Biss anderer Fischarten zu unterscheiden und wird mit einem wohldosierten, nicht zu harten Anschlag quittiert.

Angelt man auf Barsch mit dem *Köderfisch am Einhakensystem*, so wird der Köder grundnah ganz langsam herangeführt. Spürt man das geringste Anzeichen eines Bisses, hört man mit dem Schnureinholen sofort auf und öffnet den Rollenbügel, um im Bedarfsfall Schnur geben zu können. Der Barsch braucht jetzt etwas Zeit, um die Beute hineinzuschlingen. Wenn der Fisch abzieht, wird ein kräftiger aber dennoch wohl dosierter Anhieb gesetzt, um ihn festzumachen.

Oft stehen Barsche jedoch so *tief* dass man mit der bisher dargestellten Taktik wenig ausrichten kann. In diesen Fällen ist es ratsam, einen kleinen *Bleikopfspinner* anzubieten. Dieser Spinnertyp lässt sich auch noch in größeren Tiefen einigermaßen gut horizontal führen.

Gleichermaßen ist für *sehr tiefe Gewässerabschnitte* ein kleiner *Pilker* zu empfehlen. Dieser metallisch glänzende

Barschfang mit der leichten Spinnrute vom verankerten Boot aus.

Köder wird meist vom Boot aus weit ausgeworfen. Danach wartet man, bis er auf dem Grund aufsetzt. Nunmehr wird er ruckartig herangeführt. Zwischendurch lässt man ihn immer wieder zum Grund absacken. Dabei vollführt der Pilker eigenartige flatternde Bewegungen, die oft zum Biss führen (Abb. 66). Befindet sich der Pilker etwa in der Senkrechten unter dem Boot, wird er ausgehoben und erneut ausgeworfen oder „auf der Stelle gepilkt". Das vollzieht sich so, dass man den auf den Grund aufgelegten Köder mittels der Rute etwa einen Meter ruckartig anhebt und ihn dann wieder zum Grund fallen lässt. Diese Köderführung kann man praktisch zeitlich unbegrenzt betreiben. Der Biss des Barsches auf den in dieser Weise, also vertikal geführten Pilker teilt sich ebenfalls als Ruck mit. Danach setzt man blitzschnell einen *mäßig starken Anschlag* und drillt den Fisch zügig nach oben.

Beim *Drill* des Barsches ist, wie bereits wiederholt betont, zu beachten, daß der Haken – selbst ein tiefer sitzender – häufig ausschlitzt. Die Landung erfolgt daher stets mit dem Kescher.

Spinnangeln auf Rapfen

Zu den besten Angelfischen unseres Landes gehört der Rapfen, ein Karpfenfisch von Format. Bis zu 15 kg bringen diese torpedoförmigen, kraftvollen Fische im Extremfall auf die Waage.

Angler nennen den mit zunehmendem Alter immer gefräßiger werdenden Räuber auch „Oderlachs".

Mit diesem Pseudonym wird sein *Lebensraum* umschrieben, denn er kommt sehr häufig in den Unter- und Mittelläufen der Oder, Spree und Havel vor. Zum anderen erinnert der Rapfen wegen seiner Wehrhaftigkeit an der Angel an den König der Fische, den bei uns im Grunde ausgestorbenen Lachs. Seit einiger Zeit ist die Ansiedelung des Rapfens auch in anderen deutschen Flußsystemen, wie z. B. im Rhein, sehr erfolgreich gelungen.

Der Rapfen, ein typischer *Oberflächenfisch*, bevorzugt strömende Gewässerabschnitte, um hier Futtertiere zu erbeuten. Im ersten Lebensjahr begnügt er sich noch mit Würmern, Insekten, Schnecken und anderem Kleingetier. Aber kaum halbwüchsig, bricht der Räuber bevorzugt in Weißfischschwärme ein. Schon das auffallend weitge-

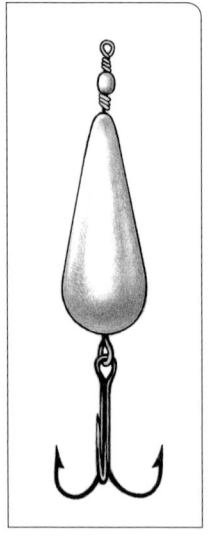

Abb. 68
Rapfenblei

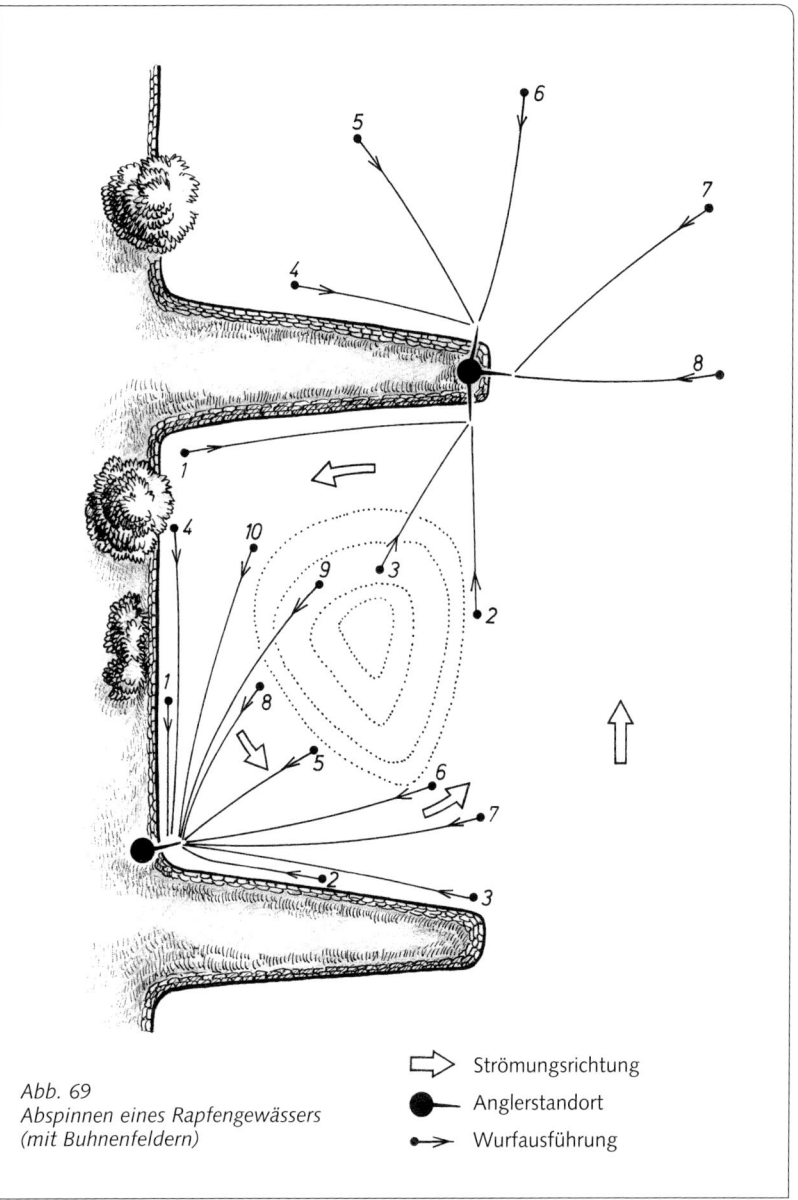

Abb. 69
Abspinnen eines Rapfengewässers
(mit Buhnenfeldern)

Strömungsrichtung
Anglerstandort
Wurfausführung

spaltene Maul des auf dem Rücken grünlich-grau und an den Flanken bläulich-silbern gefärbten Rapfens verrät seine *räuberische Lebensweise*.

Nachdem im Juni das Laichen beendet ist, beginnt die *beste Beißzeit* des Rapfens, die bis in den Oktober hinein anhält. An warmen Sommerabenden verraten sich die raubenden Rapfen schon auf recht große Entfernung. Sie poltern regelrecht bei der Jagd nach Futterfischen aus dem Wasser und tauchen laut klatschend wieder ein. Oft nehmen sie rudelweise einen Fischschwarm regelrecht in die Zange. Das ist der Idealzeitpunkt, zu dem wir einen besonders schlanken silbernen Löffelspinner der Größen 3 bis 4, einen weidenblattförmigen Blinker von 60 bis 80 mm Länge oder das sogenannte Rapfenblei anbieten.

Der *Köder* wird relativ schnell dicht unter der Oberfläche geführt. Die in Fressgier geratenen Rapfen fassen häufig bereits beim ersten oder zweiten Wurf zu.

Noch ein Wort zum *Rapfenblei*, das – feuerrot angestrichen – einer der bewährtesten Köder für diesen Fisch ist. Es lässt sich wegen seiner 5 bis 15 g Gewicht sehr weit werfen, denn oftmals rauben die Rapfen weit draußen.

Das Rapfenblei wird über die Standorte der Fische – das gilt auch für andere Spinnköder – hinausgeworfen und bei steil aufrecht gehaltener Rute sehr schnell eingeholt. Der Effekt dieser sehr flinken Köderführung besteht darin, dass sich beim Zug unterhalb des tropfenförmigen Bleikörpers eine schillernde Luftblase bildet, die die Rapfen betört. Man braucht keine Sorgen zu haben, dass die Rapfen den unter der Oberfläche hinjagenden Köder nicht erwischen. Sie sind ausgesprochen schnelle Schwimmer und schaffen es.

Ist das Rauben der Rapfen nicht erkennbar, so muss man „blind" fischen, d.h., man befischt ihre *mutmaßlichen*

Elbbuhne auf Höhe Werben. Von der Buhnenspitze aus sind immer gute Rapfen zu fangen.

Der Rapfen ist ein großartiger Schwimmer. Er erwischt jeden noch so schnell geführten Spinnköder.

Standorte: die Randströmungsbereiche der Buhnenköpfe und Drehkolke, Außenkanten und Flussbiegungen und jene Gewässerbereiche, in denen sich die Strömung durch Wassereinbauten oder andere Hindernisse bricht. Hier wird der Köder mit einem mittleren Spinnangelgerät gewöhnlich an einer 0,25 bis 0,30 mm starken Schnur im Mittel- und Oberwasserbereich angeboten.

Der *Biss des Rapfens* kommt energisch, der Zug schlägt über Schnur und Rute bis ins Handgelenk durch. Ein mäßiger Anhieb genügt allgemein, um die Hakenflunken im Fischmaul sicher fassen zu lassen. Mit langen Fluchten versucht der Fisch zu entkommen. Gewöhnlich geht in dieser Phase alles glatt, denn als Fisch der Freiwasserregion setzt sich der Rapfen selten am Grund oder in Hindernissen fest.

Der oft minutenlange *Drill* sollte nicht eher beendet werden, bis der Fisch wirklich aufgegeben hat und sich unter leichtem Zug der Schnur, auf der Seite liegend, über den großformatigen Kescher führen läßt.

Flugangeln

> Das Flugangeln ist diejenige Angelmethode, bei der ein künstlicher Angelköder – in der Regel die Imitation eines Insekts in seinen verschiedenen Entwicklungsphasen – unter Verwendung von Flugrute und Flugschnur auf oder unter der Wasseroberfläche den Fischen angeboten wird.

Im Unterschied zu den Abschnitten Grundangeln und Spinnangeln soll hier keine Anleitung zum Handeln gegeben werden. Vielmehr geht es darum, dem Leser einen Überblick über eine Angelmethode zu vermitteln, die zu Recht als höchst anspruchsvoll gilt und mit der neben den heimischen Forellenarten auch zahlreiche Friedfische und selbst Raubfische beangelt werden können. Das bedeutet nicht, daß das Flugangeln oder Fliegenfischen etwa nichts für den „Normalverbraucher" sei. Nein, es ist von jedem erlernbar, der mit der richtigen inneren Einstellung an die

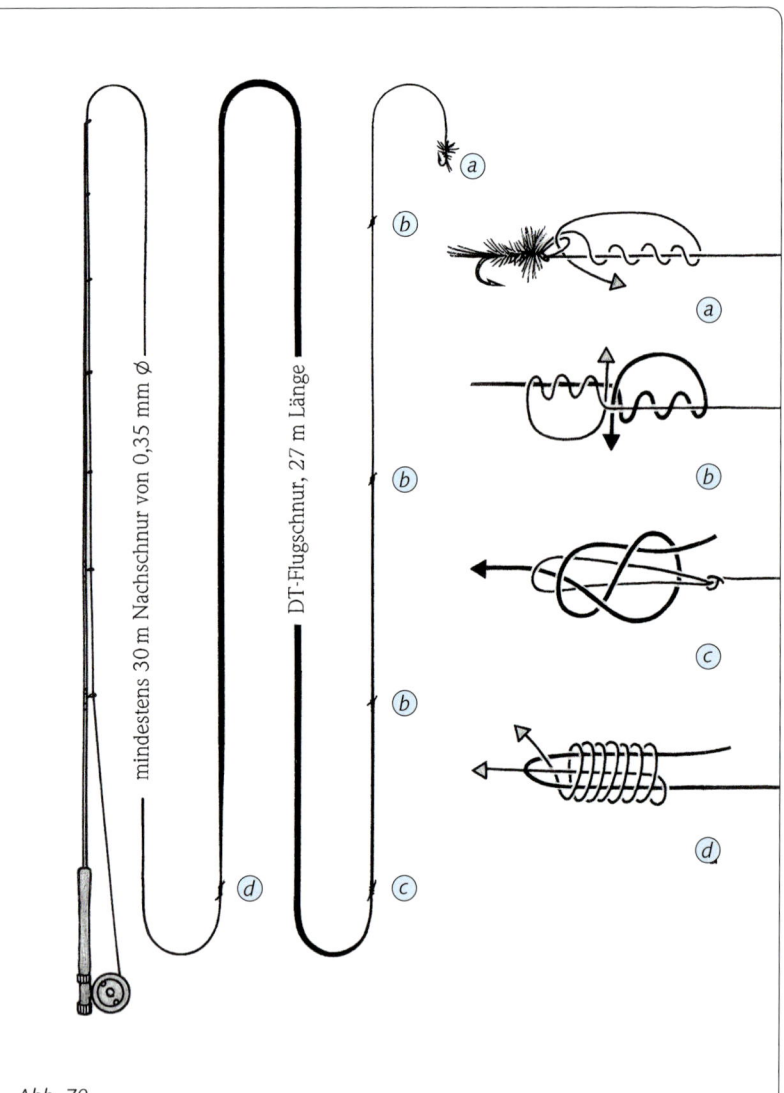

Abb. 70
Montierte Flugangel (Prinzipdarstellung):
a) Wedgeknoten; b) Fass- oder Bloodknoten; c) Achter- oder Flämischer Knoten;
d) Backingknoten (Schlingenknoten)

Sache herangeht, wenn diese Angelmethode auch in vielerlei Hinsicht höhere Ansprüche an Angler und Gerät stellt als die bereits vorgestellten Angelmethoden.

Wer sich mit dem Fliegenfischen befassen will, der muss sich andere Quellen erschließen, was gewöhnlich auch möglich ist, denn die Flugangelliteratur füllt ganze Bibliotheken.

Das Flugangeln wird heute in vier Teildisziplinen untergliedert.

(1) Beim *Trockenfischen* werden ausschließlich Fliegen eingesetzt, die auf der Wasseroberfläche schwimmen. Sie täuschen hier ein Insekt vor, das entweder gerade aus einer zur Oberfläche gestiegenen Nymphe schlüpft oder als vollentwickeltes Insekt auf dem Wasser seine Eier ablegt oder aber als sterbendes oder gar schon totes Insekt flussabwärts treibt. Es wird beim Trockenfischen also außerhalb des Wassers, d. h. auf dem oder im Oberflächenfilm, ein schwimmfähiger Köder präsentiert. Die Schwimmfähigkeit setzt einen trockenen Köder voraus; deshalb die Bezeichnung Trockenfischen.

(2) Das *Nassfischen* ist dagegen die Form des Flugangelns, bei der eine Fliege unter der Wasseroberfläche angeboten wird. Unerheblich für die Begriffsbestimmung ist, ob der Köder oberflächennah, im Mittelwasser oder dicht am Grund geführt wird.

Nassfliegen täuschen ein im Wasser lebendes Insekt vor, können aber auch ein ertrunkenes Insekt verschiedener Entwicklungsphasen imitieren.

(3) Das *Fischen mit der Nymphe* hat sicher viele äußere Gemeinsamkeiten mit dem Nassfischen, ist aber dennoch eine eigenständige und zwischenzeitlich auch weit verbreitete Form des Flugangelns. Beim Nymphenfischen wird den Fischen eine möglichst naturgetreue Nachbildung der am Gewässergrund an Steinen, Pflanzen und anderen Gegen-

> Flugangeln gilt zwar als „Hohes C" der Angelkunst, ist aber von jedem ernsthaft Interessierten zu erlernen.

ständen lebenden Insektenlarven (Nymphen) angeboten. Die Art und Weise der Köderpräsentation und die Umstände, unter denen Fische Nymphen nehmen, sind grundsätzlich anders als beim Nassfischen.

Die Lebensweise der natürlichen Nymphen erfordert es, daß beim Fischen mit der künstlichen Nymphe diese in der

Rechte Seite: Eine prachtvolle Regenbogenforelle aus der Bad Ischler Traun, gefangen mit der Trockenfliege.

Regel hart am Grund oder in tieferen Gewässerbereichen angeboten wird.

(4) Beim *Streamerfischen* wird eine besonders große Nassfliege, die durch eine spezielle Bindeweise gekennzeichnet ist, intervallartig gezogen. Auf diese Weise aktiv gezogene Streamer ahmen Futterfische, aber auch andere Beutetiere nach.

Beim Grund- und Spinnangeln wird die Montage unter Ausnutzung des Gewichts von Pose, Blei und/oder Köder ausgeworfen. Ganz anders beim Flugangeln. Hier geht es darum, die oft nur wenige hundertstel Gramm wiegende künstliche Fliege so anzubieten, als würde sie auf dem oder im Wasser ungehindert treiben. Um das zu ermöglichen, muss das Wurfgewicht anderweitig angebracht werden, und zwar in der Flugschnur. Die Flugschnur ermöglicht in abgestimmtem Zusammenspiel mit der Flugrute bei Anwendung spezieller Wurftechniken das Auswerfen des Köders. Es gibt also beim Flugangeln gegenüber dem Grund- und Spinnangeln prinzipielle Unterschiede.

Das Flugangelgerät. Es setzt sich – vorn beginnend – zusammen aus dem Köder, dem Vorfach, der Flugschnur, der Nachschnur, der Rolle und natürlich der Flugrute.

Flugruten. Sie werden in leichte (170 bis 225 cm Länge, AFTMA-Klassen 4 und leichter), mittlere (225 bis 260 cm Länge, AFTMA-Klase 5 - 6) und schwere (über 270 cm Länge, AFTMA-Klasse 7 und schwerer) Modelle eingeteilt. Was es mit den sogenannten AFTMA-Klassen auf sich hat, beantwortet der nachfolgende Abschnitt über Flugangelschnüre.

Im *modernen Flugrutenbau dominiert* seit langem die Hohlbauweise. Da von einer Flugrute einerseits geringstes Gewicht andererseits aber größte Federkraft zu fordern sind, hat bei diesen Ruten die *Kohlefaser* die Glasfaser zwischenzeitlich nahezu verdrängt. Wenn man sich einmal vorstellt, dass aus Kohlefasern bereits Rotorblätter für Hubschrauber hergestellt werden, so kann man ahnen, um was für ein „magisches" Material es sich hier handelt.

Flugruten sind gewöhnlich zweigeteilt, doch gibt es sie auch als kurzgeteilte Reiseruten mit Steckverbindungen oder in Teleskopbauweise. Das äußere Charakteristikum der sehr schlanken, mit relativ kleinen Ringen versehenen Flugruten besteht in der zunächst ungewohnt erscheinenden Griff-Rollenhalter-Kombination. Die Rolle wird, abgesehen von den schweren Zweihandflugruten für die Lachsfischerei, stets hinter dem Griff für die Wurfhand montiert. Leichte Flugruten tragen oft Schubringe zur Rollenbefestigung, während mittlere und schwere Modelle regelmäßig mit Schraubrollenhalter ausgestattet sind.

Flugangelrolle. Sie wird zum Wurf der Fliege nicht benötigt; sie dient nur der schonenden und abrufbaren Unterbringung der Flugschnur und der Nachschnur. Sie hat also lediglich eine „Magazinfunktion", denn der Angler zieht sich mit der Hand so viel Schnur von der Rolle, wie er benötigt. Es gibt zwei verschiedene Grundtypen: die Kurbelflugrolle und die automatische Flugrolle.

Die *Automatikrolle* wird wegen ihres hohen Gewichts zwischen 200 und 300 g von Kennern der Materie berechtigt abgelehnt. Folglich werden solche Rollen inzwischen kaum noch produziert und abgeboten.

Kurbelflugrollen gibt es als einfache Trommelrollen und als Multirollen, wenngleich die letztgenannten auch schon fast vom Markt verschwunden sind. Wichtig ist, dass eine Flugangelrolle die sehr empfindliche und teure Flugschnur schonend aufnimmt, speichert und abgibt. Die Schnur darf keinesfalls an oder in irgendwelchen Rollenteilen scheuern und schleifen, eingeklemmt oder in zu enge, den Schnurmantel strapazierende Windungen aufgespult werden.

*Abb. 71
Einfache Flugangelrolle*

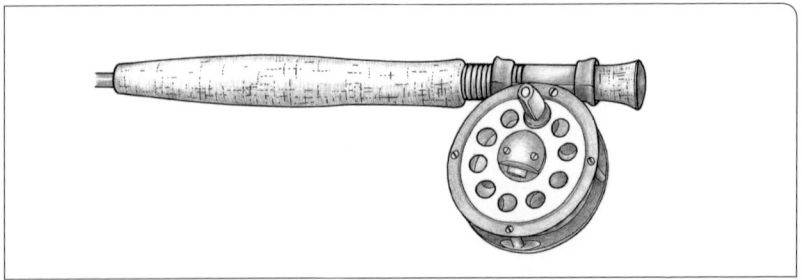

Flugangelschnüre. Sie bestehen heute aus Kunststoffen. Im Kern besitzen diese sehr geschmeidigen Schnüre eine geflochtene Kunstfaserseele. Um diese herum befindet sich ein Kunststoffmantel, von dessen Beschaffenheit das Wurfgewicht, die Funktion und die Form der jeweiligen Schnur bestimmt werden.

Bereits oben wurde der Begriff *AFTMA-Klassifikation* erwähnt. Das AFTMA-System wird heute international zur Gewichtskennzeichnung von Flugschnüren verwendet. Es gab bislang 12 verschiedene AFTMA-Klassen, wobei die Klasse 1 die leichteste und die Klasse 12 die schwerste Schnur kennzeichnete. Dem AFTMA-System liegt das Schnurgewicht der ersten 9,15 Meter (30 Fuß) zugrunde. Schnüre bis zur Klasse 4 gelten als leicht, Schnüre der Klassen 5 und 6 als mittel und solche über Klasse 7 heute bereits als schwer. Ab Klasse 10 werden Schnüre als sehr schwer bezeichnet, was natürlich auch für die den jeweiligen Schnüren gewichtsmäßig zuzuordnenden Flugruten gilt.

Da für das Flugangeln im Salzwasser schwerere Geräte als Klasse 12 benötigt werden, sind für diesen Zweck die Klassen 13 bis 15 eingeführt worden. Doch auch die gegenteilige Tendenz ist mit der Entwicklung immer leistungsfähigerer Materialien zu verzeichnen. So wurde die ohnehin schon sehr leichte Klasse 1 inzwischen durch Geräte der ultraleichten Klasse 0 und noch leichter unterschritten.

Die *Wurftechnik* des Flugangelns erfordert *eine genaue Abstimmung* des Schnurgewichts mit den Leistungsparametern der Flugrute. Es ist also stets darauf zu achten, daß z. B. eine mittlere Flugrute der Klasse 5 auch wirklich mit einer Schnur der gleichen Gewichtsklasse und nicht etwa mit einer 3er oder gar 8er Schnur kombiniert wird.

Die *Funktion der Schnur* wird von ihrem spezifischen Gewicht bestimmt und ist nicht mit dem zuvor genannten Wurfgewicht zu verwechseln!

Es gibt sogenannte *Trockenschnüre*, in deren Mantel kleine Blasen eingeschlossen sind, deshalb leichter als Wasser sind und schwimmen (floating, Kennbuchstabe „F").

Das Gegenstück sind die *Nassschnüre*, in deren Kunststoffmantel sich Ballaststoffe befinden. Diese verleihen den Schnüren ein höheres Gewicht als Wasser und somit

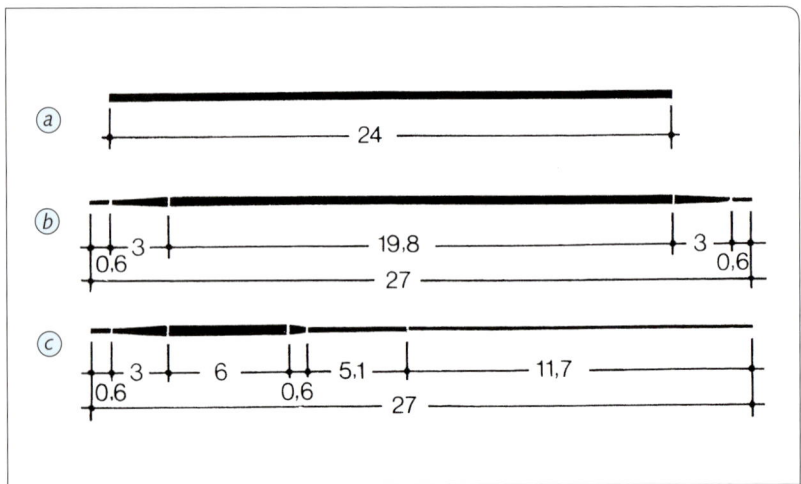

Abb. 72
Flugschnüre:
a) Parallelschnur (L);
b) Doppelt verjüngte
Schnur (DT); c) Keu-
len- oder Torpedo-
schnur (WF)

die Eigenschaft des Sinkens (sinking, Kennbuchstabe „S").

Schließlich gibt es *Spezialschnüre* wie schwebende Schnüre (intermediate, Kennbuchstabe „I") und Trockenschnüre, mit mehr oder weniger langen sinkenden Spitzensektionen (floating/sinking, Kennbuchstabe „F/S").

Nach der Schnurform unterscheidet man – von Spezialformen abgesehen – die Parallelschnur, die doppelt verjüngte Schnur und die Keulen- oder Torpedoschnur.

Die *Parallelschnur* (level, Kennbuchstabe „L") hat über ihre gesamte Länge von 24 m den gleichen Durchmesser. Sie ist die billigste Schnur, jedoch für erste Flugangelversuche durchaus geeignet.

Die *doppelt verjüngte Schnur* (double taper, Kennbuchstabe „DT") ist die gebräuchlichste Schnur. Sie verjüngt sich an beiden Enden, so daß ein besserer Übergang zum Vorfach und somit auch eine weichere und zielsichere Präsentation des Köders möglich wird. Die Double Taper ist insgesamt 27 m lang. Mit ihr kann von beiden Enden her gefischt werden.

Die *Keulen- oder Torpedoschnur* (weight forward, Kennbuchstabe „WF") ist im vorderen Schnurabschnitt am stärksten, ihr Schwerpunkt ist also vorverlagert. Das fördert ihre Eignung für weitere Würfe. Der hintere Schnurabschnitt besteht aus zwei Parallelsektionen unterschiedlicher Stärken. Die Schnurlänge beträgt ebenfalls 27 m.

Nachschnur. Die Nachschnur, auch „Backing" genannt, besteht aus mindestens 30 m Hochleistungsschnur mit einem Durchmesser von etwa 0,35 mm. Sie wird der Flugschnur rollenseitig nachgeschaltet und bildet eine Reserve, falls beim Drill die relativ geringe Länge der Flugschnur voll abgefordert wird.

Vorfach. Es hat die Aufgabe, die Fliege dem Fisch so anzubieten, dass er die Täuschung möglichst nicht entdeckt. Vorfächer sind meist eineinhalb bis zwei Rutengrifflängen kürzer als die Gesamtlänge der Rute. Gewöhnlich werden Fliegenvorfächer aus verschieden starken, unterschiedlich langen Enden monofiler Angelschnur zusammengeknüpft. Auch knotenlos zur Spitze hin verjüngte und geflochtene Vorfächer werden vielfach verwendet. Die Abstufung zur Spitze hin geht oftmals bis zu Schnurstärken von 0,10 mm und darunter. Die Vorfachgestaltung gestattet keine allgemeinen Regeln. Gewässer- und fischartenbezogene Besonderheiten sind hierbei genauso zu beachten wie die subjektiven Eigenheiten des Fliegenfischers.

Flugangelköder. Sie werden auch Fliegen genannt, obwohl dieses Wort keiner zoologischen Prüfung standhält. Der Angler versteht unter dem Begriff künstliche Fliege den Versuch von Nachbildungen natürlicher Insekten in ihren verschiedensten Entwicklungsstadien, aber auch anderer Kleinlebewesen wie Schnecken, Bachflohkrebsen oder Brutfischen.

Angeblich gibt es Tausende verschiedene Fliegenmuster – so behaupten jedenfalls einige „Fachleute". Tatsächlich jedoch lässt sich diese fast schon astronomische Zahl auf einen Bruchteil dessen zusammenstreichen.

Stark vereinfacht unterscheidet man Trockenfliegen, Nassfliegen und sonstige Flugangelköder.

Trockenfliegen lassen sich in sogenannte Hechelfliegen und in solche einteilen, die zusätzlich mit Flügeln ausgestattet sind (Abb. 73). Zu den Hechelfliegen zählen Hechelkranzfliegen, Palmer und Spider. Zu der anderen Gruppe der Trockenfliegen zählt man Fliegen mit stehenden Flügeln, Fliegen mit ausgebreiteten Flügeln (Spent-Typ) und Fliegen mit dachförmig eng anliegenden Flügeln (Sedge-Typ).

Nassfliegen gliedern sich in Fliegen in Hechel- und Flügelausführung, Nymphen und Streamer. (Abb. 74) Sie imitieren Insekten verschiedener Entwicklungsstadien, die im Wasser leben oder unter Wasser geraten sind, aber auch andere Lebewesen. Die Lachsfliege, die zweifelsohne auch den Nassfliegen zuzuordnen ist, spielt in unseren Breiten so gut wie keine Rolle.

Was die *sonstigen Flugangelköder* betrifft, so handelt es sich hier um die zum Teil nicht überall zulässigen, nahezu naturgetreuen Nachbildungen von Regenwürmern, Maden, Käfern, Heuschrecken, Libellen, Krebstieren usw. aus Weichgummi (Abb. 75).

*Abb. 73
Trockenfliegen:
a) Hechelkranzfliege;
b) Palmer; c) Spider;
d) Fliege mit stehen-
den Flügeln; e) Fliege
mit ausgebreiteten
Flügeln (Spent);
f) Fliege mit an-
liegenden Flügeln
(Sedge)*

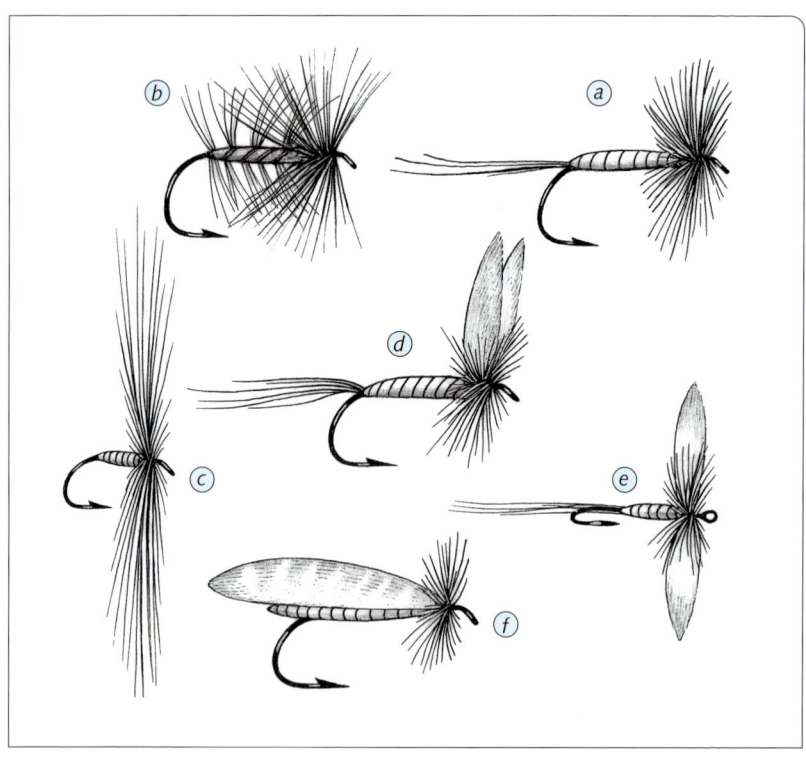

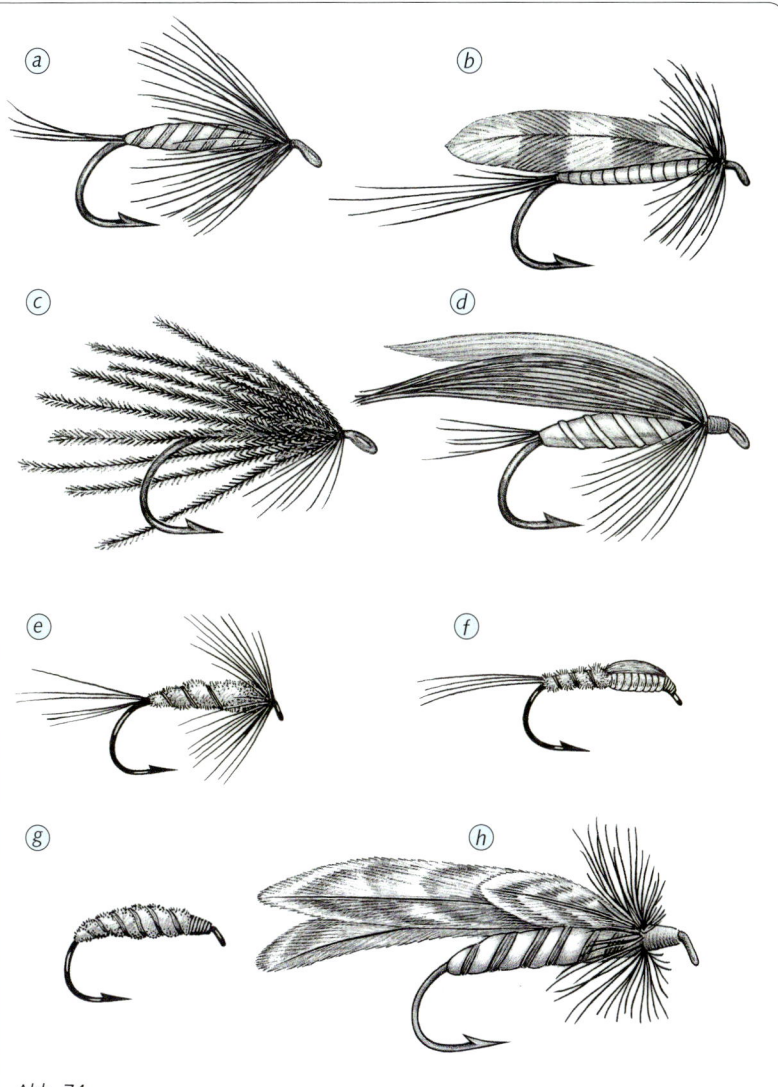

Abb. 74
Naßfliegen: a) Hechelfliege; b) Fliege mit Flügeln; c) Reizfliege aus farbigem Federgebinde; d) Reizfliege mit Flügeln; e, f, g) Nymphen (Buzzer, Pheasant Tail, Killer Bug); h) Streamer

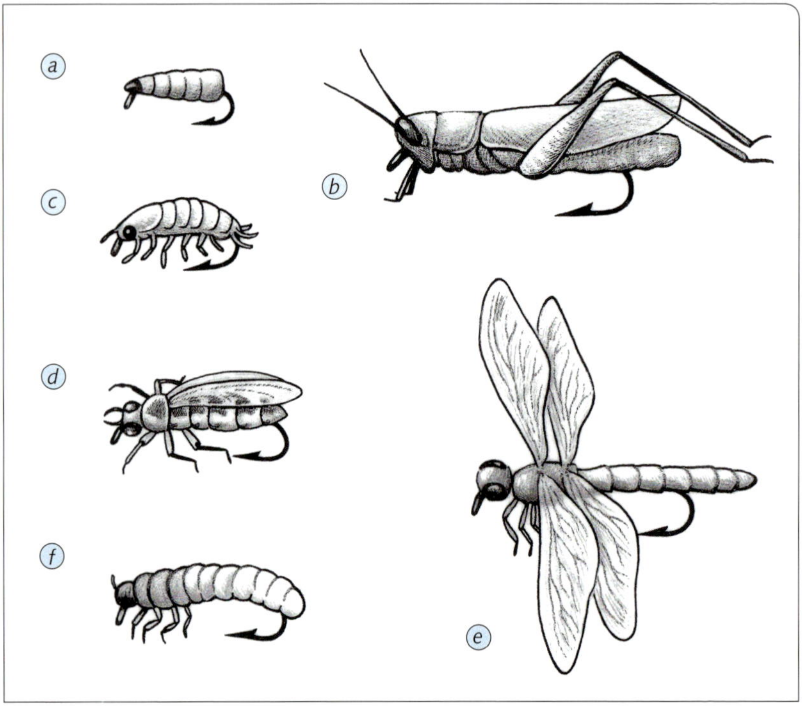

Abb. 75
Sonstige Flugangelköder: a) Fleischmade; b) Heuschrecke; c) Bachflohkrebs; d) Wespe;
e) Libelle; f) Köcherfliegenlarve

Perfekt imitiert: Wespe (links) und
Schnake (rechts)

Wurftechnik. Das erfolgreiche Fliegenfischen steht und fällt mit der wurftechnischen Beherrschung des Geräts. Diese ist die Voraussetzung, die Fliege unauffällig und überzeugend in den Zugriffsbereich des Fisches zu bringen. Alles muss so „echt" wirken, als handele es sich um ein natürliches Insekt!

Bereits an anderer Stelle wurde gesagt, dass das Auswerfen des Fliegengerätes das abgestimmte Zusammenspiel von Rute und Schnur erfordert.

Bevor eine *Kurzbeschreibung* des sogenannten *aufrechten Normalwurfes* gegeben wird, um das Prinzip der Fliegenwurftechnik anzudeuten, ist eine *ganz ernst gemeinte Warnung* geboten: Hüte sich jeder davor, nach dem Lesen der folgenden Zeilen ein Flugangelgerät in die Hand zu nehmen, um die ersten Wurfversuche zu starten! Ein solcher Versuch kann bereits genügen, sich falsche Bewegungsabläufe und andere Fehler irreversibel anzugewöhnen.

Die schemenhaft durch den Bildvordergrund rasende gelbe Flugschnur läßt ahnen, dass der Wurf mit der Flugangel etwa völlig anderes ist.

Wer die Technik des Fliegenwurfes erlernen will, der benötigt eine umfassende didaktisch-methodische Anleitung. Ohne eine solche Anleitung kommt keiner – abgesehen von einigen wenigen Talenten – über ein Mittelmaß im Umgang mit der Flugangel hinaus.

Der *aufrechte Normalwurf* besteht aus mehreren Bewegungsphasen.

Ausgangsstellung: Etwa zwei bis drei Rutenlängen Flugschnur werden per Hand durch die Ringe nach vorn gezogen. Die vorgezogene Schnur liegt vor dem Angler möglichst gestreckt auf dem Wasser. Rute in 9-Uhr-Stellung. Die Wurfhand umfasst die Rute fest, aber ohne Verkrampfung, während die Schnurhand die von der Rolle zum Leitring führende Flugschnur festhält.

Bewegungsablauf: Die Rute wird mit zunehmender Beschleunigung bis in die 12-Uhr-Stellung geführt. Dabei wird die Flugschnur vom Wasser hoch-

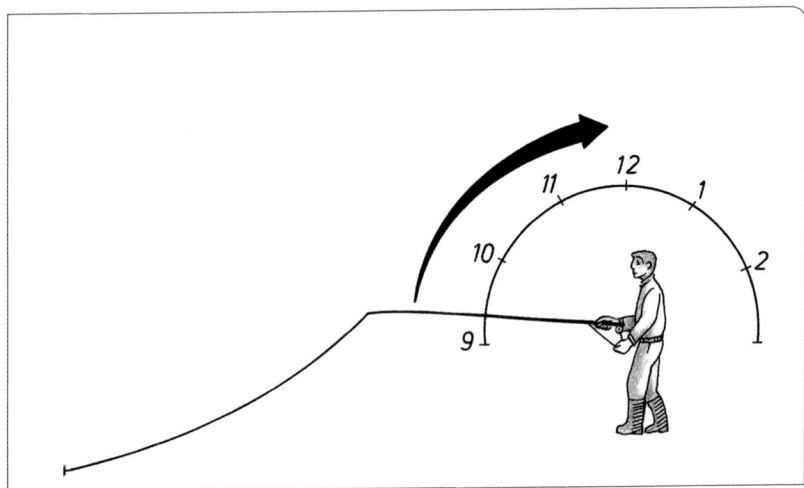

Abb. 76
Aufrechter Normalwurf: Ausgangsposition

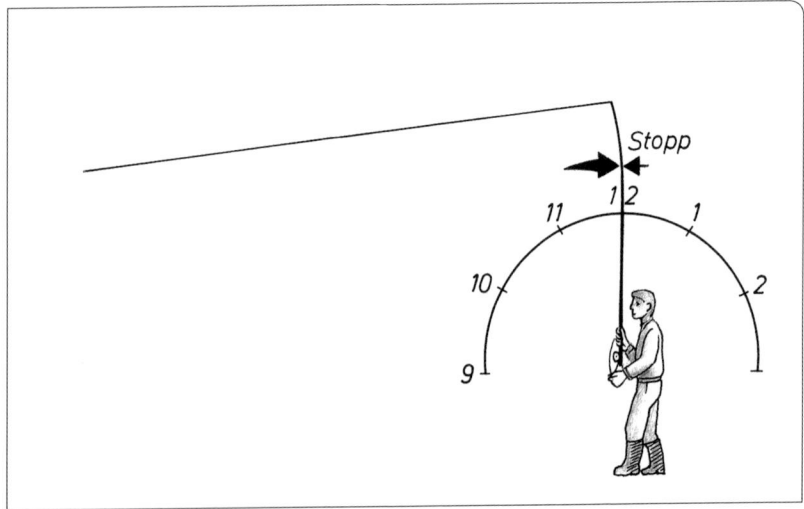

Abb. 77
Aufrechter Normalwurf: 12-Uhr-Stopp – die Rute steht still, die Schnur fliegt in hohem Tempo auf den Angler zu.

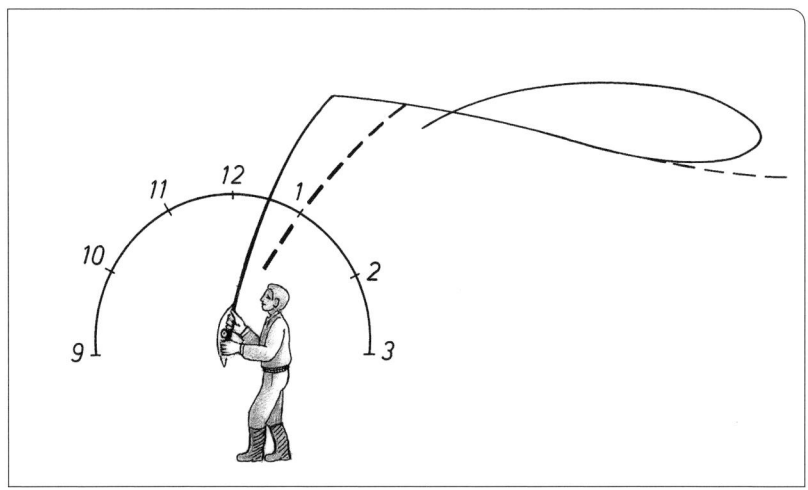

Abb. 78
Aufrechter Normalwurf: Nach dem 12-Uhr-Stopp rollt die Schnur nach hinten; die Rute wird bis in die 1-Uhr-Stellung geneigt, die Schnur ist dann voll nach hinten gestreckt.

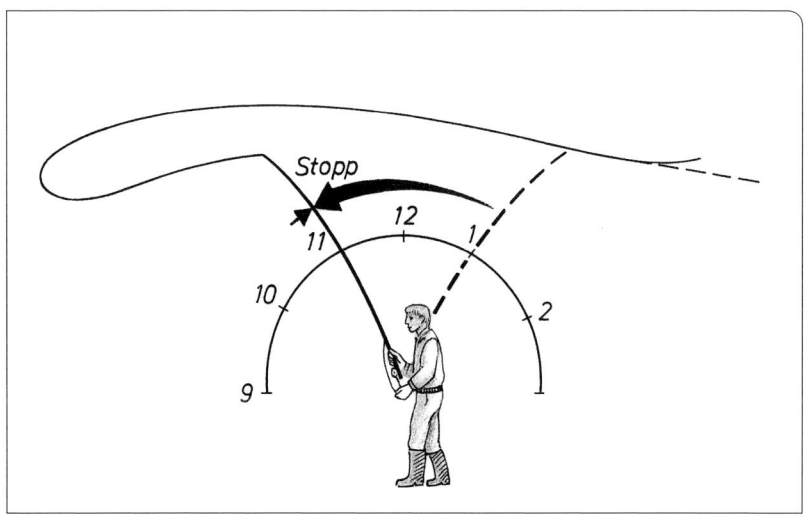

Abb. 79
Aufrechter Normalwurf: 11-Uhr-Stopp mit nach vorn rollender Schnur

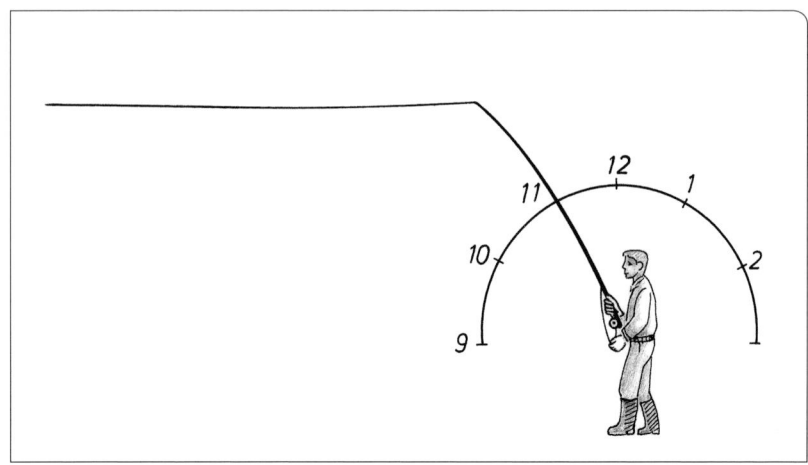

Abb. 80
Aufrechter Normalwurf: Ende des Vorschwungs, die Schnur ist nach vorn gestreckt

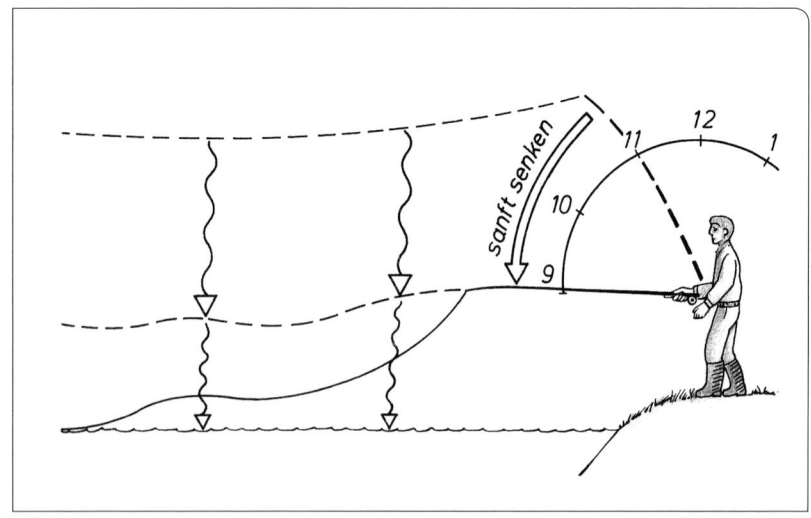

Abb. 81
Aufrechter Normalwurf: Absetzphase – die Rute wird bis zur 9-Uhr-Stellung gesenkt, wobei die gestreckt in der Luft liegende Schnur samt Vorfach und Fliege sanft auf dem Wasser aufsetzt

gerissen und folgt der rasant beschleunigten Rutenspitze. In der 12-Uhr-Stellung erfolgt ein jäher Stopp (Abb. 77). Danach wird die Rute bis in die 1-Uhr-Stellung geneigt. Nach dem Stopp fliegt die Flugschnur blitzschnell über den Angler hinweg nach hinten und streckt sich in der Luft. Das ist der Schlußpunkt des sogenannten Rückschwungs (Abb. 78).

Eine stattliche südpatagonische Regenbogenforelle – welch eine Leidenschaft...

Dieser bildet zugleich den Ausgangspunkt für den Vorschwung. Wichtig ist, dass der Vorschwung eingeleitet wird, bevor die nach hinten gestreckte Schnur zu Boden fällt. Beim Vorschwung wird die Flugrute zügig von der 1-Uhr-Stellung in die 11-Uhr-Stellung bewegt und dort erneut gestoppt (Abb. 79). Die der Rutenspitze nachjagende Schnur rollt nach dem Stopp in der Luft nach vorn und streckt sich (Abb. 80). Das ist die Ausgangsposition für den erneuten Rückschwung.

Die Verlängerung der Flugschnur erfolgt gewöhnlich am Ende des Vorschwungs, kann aber auch am Ende des Rückschwungs durchgeführt werden. Das erfolgt so, dass das durch die

Vorsicht! Wer ohne erfahrenen Flugangellehrer erste Wurfübungen probiert, kann sich schwer zu tilgende Wurffehler antrainieren. Deshalb:
Finger weg vom Selbstlernen!

Schnurhand von der Rolle gezogene, bis zu etwa 1 m lange Stück Flugschnur in dem Moment freigegeben wird, wenn sich die vor der Rute befindende Schnur bereits in der Luft gestreckt hat, aber noch über so viel Zugenergie verfügt, daß sie die neu ins Spiel gebrachte Schnur durch die Rutenringe nach vorn zieht.

Will man also Würfe auf ein Ziel in z.B. 15 m Entfernung setzen, so sind mehrere Schnurverlängerungen während der Luftwürfe – das sind die Vor- und Rückschwünge, die nicht zum Absetzen der Schnur führen – erforderlich.

Ist so viel Schnurlänge ausgegeben, dass damit die Fliege den Zielpunkt erreichen kann, wird gegebenenfalls nochmals die Wurfrichtung und die Schnurlänge korrigiert und am Ende des letzten Vorschwungs die sogenannte Absetzphase eingeleitet. Dabei wird die Rute, nachdem sich Schnur und Vorfach über dem Zielpunkt sauber gestreckt haben, von der 11-Uhr-Stellung in die 9-Uhr-Stellung gesenkt. Schnur, Vorfach und Fliege schweben dann auf die Wasseroberfläche und setzen sanft auf (Abb. 81).

Kleine Fischkunde

Noch nie hat die Natur zufällige Entwicklungen zugelassen, alles fügt sich harmonisch ineinander. Das gilt auch für die Fische, die sich ihrem Lebensraum seit Jahrmillionen immer vollkommener und vielfältiger angepasst haben. Die Körpergliederung der Fische ähnelt weitgehend der anderer Wirbeltiere. Die Kopf-, Rumpf- und Schwanzregion ist unverkennbar, doch fehlt den Fischen der für viele Wirbeltiere typische Halsabschnitt.

Die paarig angeordneten Brust- und Bauchflossen entsprechen entwicklungsgeschichtlich den Beinen höher entwickelter Wirbeltiere. Sie sind aber nicht die Organe, denen die Fortbewegung obliegt. Die Fortbewegung besorgen die Fische mit dem ganzen Körper, insbesondere mit dem hinteren Drittel und der Schwanzflosse. Die übrigen Flossen werden in erster Linie zum Stabilisieren, Steuern, Bremsen und sogar zum Rückwärtsschwimmen

Abb. 82 Schematische Darstellung eines Fisches am Beispiel eines Spiegelkarpfens

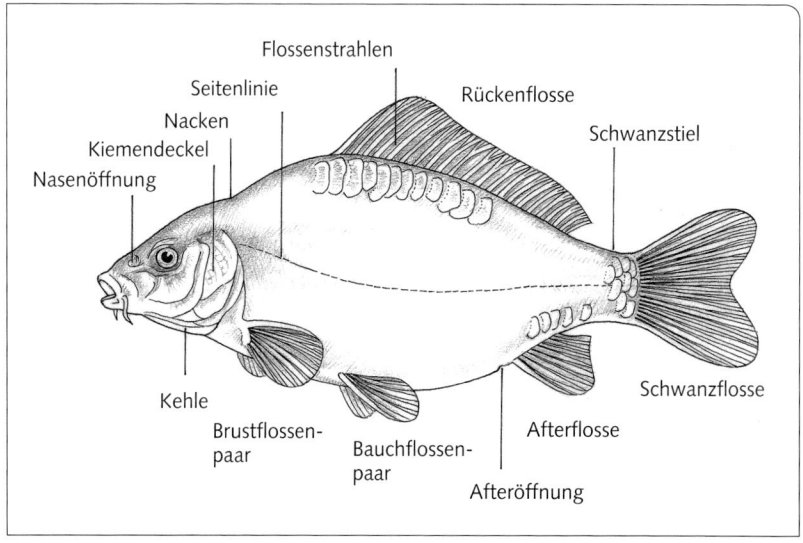

Flossenstrahlen

Seitenlinie

Nacken

Kiemendeckel

Nasenöffnung

Rückenflosse

Schwanzstiel

Kehle

Brustflossenpaar

Bauchflossenpaar

Afterflosse

Afteröffnung

Schwanzflosse

eingesetzt. Ein weiteres äußeres Zeichen der Fische ist das Schuppenkleid, das die meisten Arten tragen. Neben recht vielen Gemeinsamkeiten gibt es im Reich der Fische eine riesige Formenvielfalt. Wir brauchen gar nicht die Korallenriffe tropischer Meeres oder die Tiefsee aufzusuchen, um uns davon zu überzeugen. Schon unsere heimischen Fischarten liefern den Beweis, denke man nur an den schlangenförmigen Aal, an den torpedoförmigen Hecht, an den sehr hochrückigen, seitlich abgeflachten Blei oder an die platte, „glotzäugige" Flunder.

Die im mitteleuropäischen Raum beheimateten Fische gehören zu den *Knochenfischen,* die über ein Skelettsystem mit Schädelskelett und Wirbelsäule verfügen.

Der Schädel gliedert sich in den Hirnschädel und in den Gesichtsschädel. Der Hirnschädel umgibt die empfindlichsten Organe der Fische, so zum Beispiel das Gehirn, das Gehör- und Gleichgewichtsorgan, das Geruchsorgan und zum Teil auch die Augen. Der dem Hirnschädel vorgelagerte Gesichtsschädel besteht aus mehreren Knochen, die sehr elastisch miteinander verbunden sind und so den Maul- und Mundhöhlenbereich, insbesondere räuberischer Arten, recht dehnungsfähig machen. Die Ober- und Unterkiefer können bei einzelnen Fischarten unterschiedlich lang sein. Wenn der Unterkiefer länger als der Oberkiefer ist, spricht man von einem *oberständigen* Maul; sind beide gleich lang, wird das Maul als *endständig* bezeichnet. Ist dagegen der Unterkiefer kürzer als der Oberkiefer, so haben solche Fische ein *unterständiges* Maul. Und schließlich gibt es Fische, wie zum Beispiel der Karpfen, der sein Maul vorstülpen kann und daher als *rüsselmäuliger* Fisch bezeichnet wird.

An dieser Stelle gleich ein Wort zu den *Zähnen* der Fische. Diese können je nach Art recht verschieden sein. So

Abb. 83
Verschiedene Maulstellungen der Fische:
a) oberständig beim Rapfen; b) enständig bei der Forelle;
c) unterständig bei der Barbe; d) rüsselmäulig beim Karpfen

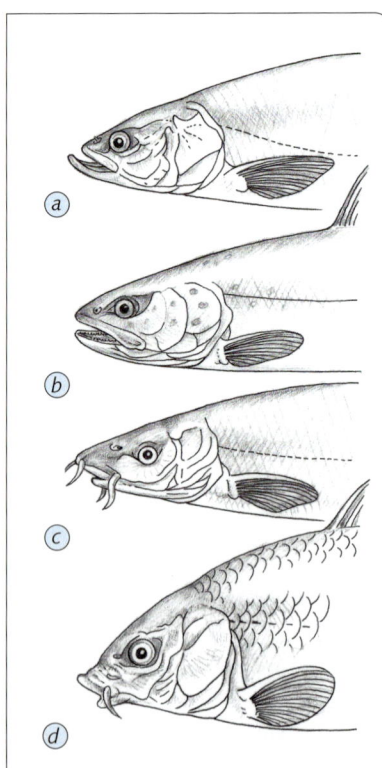

können außer den Kiefern auch das Pflugscharbein, das Gaumenbeim, die Zungenknochen und selbst bestimmte Kiemenbögen mit Zähnen besetzt sein. Zur Karpfenfamilie gehörende Fische tragen ihre Zähne im Schlund; sie sind also nicht zu sehen. Die *Schlundzähne* der Karpfenfische sind mahlzahnartige Gebilde, mit deren Hilfe sie ihre Nahrung zerquetschen, bevor sie in den Verdauungstrakt gelangt.

Die *Wirbelsäule* der Fische setzt sich aus zahlreichen, beweglich verbundenen Wirbeln zusammen. Je nach Fischart variiert die Wirbelzahl zwischen 40 und 100. Ähnlich wie bei den Säugetieren verläuft im Wirbelkanal das Rückenmark.

Noch ein Wort zu den *Gräten*, die oft als die Knochen der Fische angesehen werden. Sieht man einmal von den Wirbelfortsätzen und den Rippen ab, so handelt es sich bei den anderen Gräten nicht um Knochen im üblichen Sinne. Es sind vielmehr verknöcherte Bindegewebsstränge, die den Muskelpartien zwischengelagert sind. Und von deren Anzahl hängt es schließlich ab, ob wir es mit einem „grätenarmen" oder „grätenreichen" Fisch zu tun haben.

Die übergroße Mehrzahl der Fische atmet durch *Kiemen*. Mit Hilfe dieser Organe sind die Fische in der Lage, den im Wasser gelösten Sauerstoff aufzunehmen. Die Kiemen selbst befinden sich unter den knöchernen Kiemendeckeln. Sie bestehen aus Kiemenbögen mit unterschiedlich langen Kiemendornen. Auf diesen wiederum befinden sich feinste, mit vielen Blutgefäßen versehene Kiemenblättchen. Die *Atmung* vollzieht sich nun so, dass die Fische ständig durch das Maul Wasser einsaugen, es danach durch die Kiemen spülen und schließlich aus den Spalten der Kiemendeckel wieder ausstoßen. Dem Wasser wird hierbei ein Teil des gelösten Sauerstoffes entzogen und dem Blutkreislauf des Fisches zugeführt. Über das Gefäßnetz der Kiemen wird aber auch die Kohlensäure des venösen, also „verbrauchten" Blutes zusammen mit verschiedenen Stoffwechselprodukten ausgeschieden.

Für den Angler von besonderem Interesse sind die *Sinnesorgane* der Fische und ihre Leistungsfähigkeit. Fische verfügen über mechanische, thermische, chemische und optische Sinne. Die *mechanischen* und *optischen Sinne* haben für den Angler allerdings die größte Bedeutung. Die mechanischen Sinne umfassen den Tastsinn, den Strömungssinn, den Gehörsinn und den Drucksinn.

Kurz zum *Tastsinn* und zum *Strömungssinn*. Die Fische besitzen verteilt über den ganzen Körper freie Nervenendigungen, mit denen sie Tastreize wahrnehmen. Gerade der Tastsinn ist es, der bei der Nahrungsaufnahme von so großer Bedeutung ist, und keinesfalls zufällig befinden sich gerade im Lippen- und Maulbereich vieler Fischarten besonders viele von diesen Sinneszellen.

Von entscheidender Bedeutung für die Fische ist der Strömungssinn. Betrachtet man ihn genauer, so stellt man fest, daß er eine besondere Erscheinungsform des Tastsinnes ist, eine Art „Ferntastsinn". Das Organ dieses Ferntastsinnes ist die *Seitenlinie* der Fische. Auf ihr sind gruppenweise hochempfindliche Sinneszellen angeordnet, die dem Fisch schon geringste Strömungsunterschiede und Erschütterungen bzw. durch Wasserbewegungen verursachte Druckwellen anzeigen. Der *Gehörsinn* ist, nebenbei bemerkt, bei Fischen auch erstaunlich gut ausgeprägt, wenngleich Fische bekanntlich keinen äußeren Gehörgang besitzen.

> Fische nehmen geringste Bodenerschütterungen und Wasserbewegungen mit ihren Seitenlinien wahr. Deshalb ist jedes Herumtrampeln am Ufer oder Poltern im Boot zu vermeiden!

Die optischen Sinne der Fische ermöglichen ihnen das *Helligkeitssehen*, das *Richtungssehen*, das *Bewegungssehen*, das *körperliche Sehen*, das *Formensehen* und das *Farbsehen*. Gegenüber dem Auge der Landlebewesen unterscheidet sich das Auge des Fisches dadurch, dass es

Abb. 84
Gesichtsfeld des
Fisches – bis auf
einen schmalen Sek-
tor nach hinten hat
der Fisch eine ideale
Rundumsicht

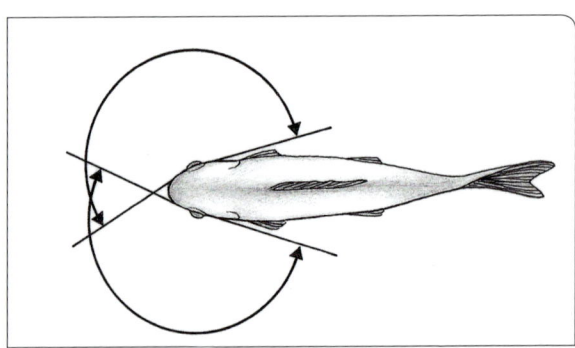

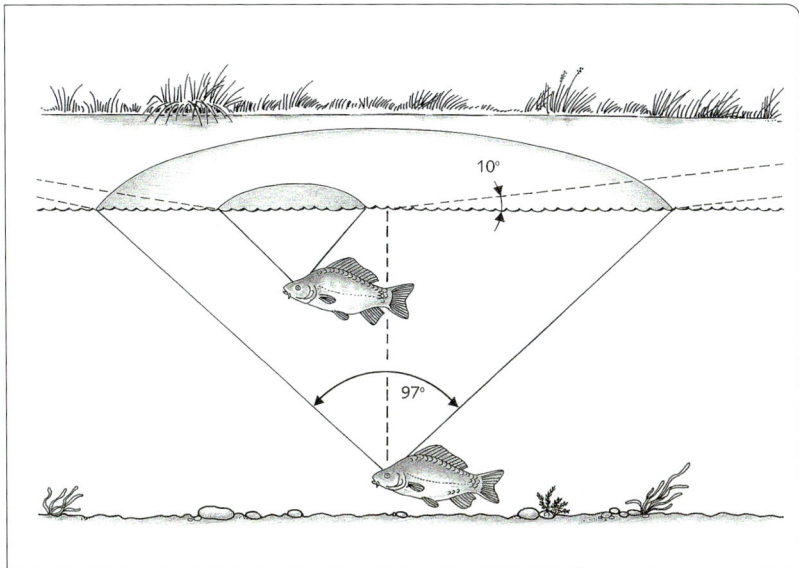

eine kugelförmige Linse besitzt. Diese Kugellinse ist recht weit nach außen gestellt. Somit treffen die Lichtstrahlen keinesfalls nur seitlich, sondern von nahezu allen Seiten auf die Linse. Das Gesichtsfeld der Fische ist dadurch erstaunlich erweitert. Sie können also nicht nur zur Seite, sondern auch nach oben und unten, nach vorn und hinten sehen.

An dieser Stelle muss man noch erwähnen, dass Fische auch Gegenstände und Vorgänge außerhalb des Wassers gut erkennen können. Nach den optischen Gesetzen blicken sie nämlich durch ein kreisrundes „Fenster", das sich jeweils senkrecht über ihrem Standort an der Wasseroberfläche befindet, nach außen. Zwar gibt es dabei verschiedene Lichtbrechungen und Bildverzerrungen, doch sollte sich der Angler bewusst sein, dass ein Fisch ihn gewöhnlich bereits dann gesehen hat, wenn er es überhaupt noch nicht ahnt.

Die *Fortpflanzung* der meisten Fischarten ist dadurch gekennzeichnet, dass sie Eier legen, die außerhalb des Kör-

Abb. 85
Durch das kreisrunde „Blickfenster" sieht der Fisch nach außen und erkennt alles, was sich in größerem Winkel als 10 Grad zur Wasseroberfläche befindet

> Je weiter der Angler vom Ufer zurückbleibt und je weniger hoch er sich am Ufer aufstellt oder bewegt, umso weniger sehen ihn die Fische durch ihr „Blickfenster".

pers des Weibchens befruchtet werden. Die Befruchtung vollzieht sich also im freien Wasser, indem die Männchen die Spermien in unmittelbarer Nähe der bereits abgelegten Eier abgeben.

Die Ablage der Eier erfolgt in der Regel an besonders günstigen, geschützten Stellen. So legen die *Kieslaicher* – zu ihnen zählen die Salmoniden – ihre Eier in gut durchströmten Kiesbänken ab. Sie schlagen zu diesem Zweck zuvor regelrechte Laichgruben in den kiesigen Gewässergrund. Sobald die Eiablage und Befruchtung erfolgt ist, schlagen die Fische die Laichgruben durch kräftige Schwanzschläge wieder zu.

Die *Krautlaicher* hingegen – zu ihnen zählen die Karpfenfische, Hecht und Barsch – heften ihre meist kleberigen Eier an die Unterwasservegetation.

Schließlich gibt es Fischarten, die ausgedehnte Laichwanderungen machen, um sich an ganz bestimmten Orten fortzupflanzen. Typische Vertreter dieser *Wanderfische* sind der Aal und der Lachs.

Recht verschieden lang ist je nach Art die Dauer von der Befruchtung des Eies bis zum Schlüpfen des Fischembryos. Diese Zeitspanne ist stark temperaturabhängig und wird von den Fachleuten in sogenannten *Tagesgraden* gemessen. Benötigt ein Bachforellenei von der Befruchtung bis zum Schlupf des noch mit einem Dottersack versehenen Embryos 510 bis 520 Tagesgrade, so dauert diese Entwicklung beispielsweise bei Wassertemperaturen von 5 Grad rund 100 Tage und bei 10 Grad Wassertemperatur nur ganze 50 Tage. Die nach dem Schlupf sofort schwimmfähigen Embryos leben noch einige Tage vom Dottersack. Erst wenn dieser aufgebraucht ist, ist das Fischlein fertig und kann selbst auf Nahrungssuche gehen.

Auf einen Blick:
Heimische Fische und ihr Fang

- Weltweit sind über eine Million Tierarten bekannt. Täglich sterben Arten aus, und täglich kommen neue Arten hinzu.
- Mit etwa 21000 Arten nehmen die Fische unter den Wirbeltieren die größte Gruppe ein.
- In Europa sind rund 300 Fischarten bekannt, darunter 199 Süßwasserarten.
- 70 Arten von Süßwasserfischen sind in deutschen Binnengewässern heimisch, knapp die Hälfte von ihnen ist für die Angelfischerei von Bedeutung.

Nachfolgend wird für die für den Angler bedeutendsten heimischen Fische jeweils eine Kurzbeschreibung unter biologischer und anglerischer Sicht gegeben. Einem Bedürfnis der Praxis folgend, werden auch einige Seefische vorgestellt, die im küstennahen Raum der Nord- und Ostsee gezielt beangelt werden können. Um dem Angler die Bestimmung der einzelnen Fischarten zu erleichtern, wird u. a. jeweils die **Flossenformel** angegeben:

R – Rückenflosse (I - erste, II - zweite, III - dritte)

Br – Brustflossen
B – Bauchflossen
A – Afterflosse (I - erste, II - zweite)
Die Hart- bzw. Weichstrahlen der jeweiligen Flossen werden durch **Zahlenangaben** kenntlich gemacht, die durch einen Schrägstrich getrennt sind. Die einige Arten kennzeichnende strahlenlose Fettflosse wird mit **F** gekennzeichnet, während **SL + arabische Ziffern** die Schuppenzahl auf der Seitenlinie angibt.

In den **Schemata** zu jeder Fischart bedeuten:
Oben: **L** – Laichzeit, **g** – gute Beißzeit, **b** – beste Beißzeit (jeweils für erste und zweite Monatshälfte)
Unten: Die bevorzugten **typischen Lebensräume** sind dunkler getönt; vereinzelt in Frage kommende Lebensräume sind heller getönt.
Weitere Abkürzung: **DG** – Durchschnittsgewicht

Beispiel für Schemata:

Monat	1	2	3	4	5
Laich- und Beißzeiten	-	-	L	L	L	L	L	-	b

Forellenregion		Äschenregion	
Maränensee		Plötzensee	

1 Bachforelle
(Salmo trutta fario)

Kennzeichen: R 3-4/8-12, Br 1/10-13, B 1/7-10, A 3-4/6-12, F, SL 105-130
Gedrungener, spindelförmiger Körper, Maul endständig, Kiefer und Zunge stark bezahnt. Rücken braungrün bis grünschwarz, Seite silbern bis goldgelblich, zum Bauch heller werdend (Farbe stark standortabhängig), rote, weiß bis bräunlichschwarz umrandete Tupfer, verteilt über den ganzen Körper.
Verbreitung: In allen sauerstoffreichen, kalten, sauberen Fließgewässern Europas heimisch (gewesen); Bestände durch Umwelteinflüsse stark dezimiert.
Biologie: Standfisch der oberen Gewässerläufe, deren Wassertemperatur im Sommer unter 18 °C liegt. In Mittelgebirgsbächen oft kleinwüchsig, in Niederungsgewässern schnell- und großwüchsig. In der Regel Kleintierfresser, der zeitweise verstärkt Anflugnahrung aufnimmt, starke Exemplare fressen auch Fische. Laichreif 2–3jährig, meist weniger als 500 Eier je Rogner werden von Oktober bis Januar in Kiesgruben abgelegt.
Länge: bis 90 cm; **Gewicht:** über 15 kg (DG: 0,2–0,7 kg).
Fang: Anspruchsvoller Fisch für *Flug- und Spinnangler.* Auf den Fang mit der Spinnangel sollte möglichst verzichtet und die weidgerechtete Flugangel verwendet werden! Trocken-, Nassfliegen und Nymphen (Größen 12–16) werden am Flugangelgerät (AFTMA-Klassen 4 – 6) angeboten. Beim Spinnangeln leichtes Gerät mit kleinen Ködern einsetzen. Die Bachforelle ist sehr scheu, deshalb ist größte Vorsicht geboten.

Monat	1	2	3	4	5	6	7	8	9	10	11	12
Laich- und Beißzeiten	L	L	-	-	-	-	-	-	g	b	b	g	g	g	g	b	b	b	-	L	L	L	L	L

Forellenregion	Äschenregion	Barbenregion	Bleiregion	Brackwasserregion
Maränensee	Plötzensee	Bleisee	Zandersee	Hecht-Schlei-See

2 Regenbogenforelle
(Oncorhynchus mykiss)

Kennzeichen: R 4/10, Br 1/12, B 1/8, A 3/10, F, SL 125-160
Durch Kreuzungen verschiedener amerikanischer Forellenrassen entstanden, daher z. T. nicht einheitliches Aussehen. Gewöhnlich „bauchiger" als Bachforelle. Erst 1882 in Europa eingeführt. Maul endständig, kleiner als bei Bachforelle; Kiefer und Zunge bezahnt. Rücken dunkelgrün bis braungrün, Seiten silbrig mit vielen dunklen Tupfen, regenbogenfarbiges Band mit überwiegendem Rosaanteil auf beiden Flanken, Bauch silberhell. Die Färbung ist aber stark standortabhängig.
Verbreitung: Besatzabhängig, besonders für geschlossene Gewässer geeignet, starker Wandertrieb. In Fließgewässern selten tatsächlich eingebürgert, bei Besatz aber bestimmte Zeit vorkommend. Einzeln auftretende Fische sind meist aus Fischzuchtanlagen entwichen.
Biologie: Wenig bis kaum standorttreuer schnellwüchsiger Fisch, der geringere Biotopansprüche stellt als Bachforelle, insbesondere nicht so stark von Unterständen im Gewässer abhängig ist. In Fließgewässern wandert der Fisch mit zunehmendem Alter stromab bis ins Brackwasser. Ernährung wie Bachforelle. Wo natürliche Fortpflanzung erfolgt, werden von Februar bis April bis zu 1500 Eier in Laichgruben abgelegt, laichreif 2–3jährig.
Länge: bis 90 cm; Gewicht: bis 17 kg (DG: 0,4 kg).
Fang: Wie Bachforelle, steigt jedoch wesentlich aktiver nach Anflugnahrung, so dass *Flugangeln* zu bevorzugen ist.

Monat	1	2	3	4	5	6	7	8	9	10	11	12
Laich- und Beißzeiten	-	-	-	L	L	L	L	-	g	g	g	g	b	b	b	b	b	g	-	-	-	-	-	-

Forellenregion	Äschenregion	Barbenregion	Bleiregion	Brackwasserregion
Maränensee	Plötzensee	Bleisee	Zandersee	Hecht-Schlei-See

3 Äsche

(Thymallus thymallus), auch Asch, Äscher

Kennzeichen: R 5-7/14-17, Br 1/15-16, B I/10-11, A 3-5/9-10, F, SL 86-90 Mäßig gestreckter Körper; Kiefer bezahnt. Rücken blaugrün, Seiten und Bauch silbern bis silbergrau mit kleinen schwarzen Tupfen; die große fahnenartige Rückenflosse ist grauviolett gefärbt mit grünlichen Streifen.

Verbreitung: In den meisten europäischen Regionen verbreitet, aber sehr unregelmäßig vorkommend; Bestände stark rückläufig. Fehlt in Irland, Nordengland sowie auf der Apenninen- und Pyrenäenhalbinsel.

Biologie: Schwarmbildender, standortgebundener Grundfisch der mäßigen Strömung und des „Strömungsschat-tens", der sich von kleinen Bodentieren und Anflugnahrung nährt. Laichreif ab 3. Jahr; es werden 3000–6000 Eier während der Monate Februar bis April in kiesige Laichgruben abgelegt. Stellt höchste Ansprüche an ihren Lebensraum, besonders an die Laichplätze.
Länge: bis 55 cm; Gewicht: bis 3,5 kg (DG: 0,3 kg).

Fang: Sehr anspruchsvoller Fisch für *Flugangler*; besonders vorfachscheu und argwöhnisch gegenüber Flugangelködern. Kleinste Köder (Trockenfliegen, Nymphen) auf Haken der Größen 16–20 werden am leichten Gerät (AFTMA-Klassen 2–4) angeboten. Schnelle Anhiebsreaktion erforderlich, vorsichtiger Drill geboten. Fang auch mit überleichtem *Spinngerät* möglich (Löffelspinner Größen 0–1), sollte aus Schonungsgründen aber Ausnahme sein.

Monat	1	2	3	4	5	6	7	8	9	10	11	12
Laich- und Beißzeiten	- - - L	L L	L -	g b	b b	g g	g g	g b	b b	b g	g -	

Forellenregion	Äschenregion	Barbenregion	Bleiregion	Brackwasserregion
Maränensee	Plötzensee	Bleisee	Zandersee	Hecht-Schlei-See

4 Hecht

(Esox lucius), auch Schnöcker

Kennzeichen: R 7-8/13-15,Br 1/13,
B 1/8, A 4-5/12-13, SL 110-130
Gestreckter, torpedoförmiger Körper,
auffallend großer Kopf. Rücken- und
Afterflosse schwanzständig; große Augen und großes Maul mit starker Bezahnung (Reißzähne auf Unterkiefer,
kleinere auf Zwischenkiefer, Gaumen-
bein und Zunge, insgesamt bis 700
Zähne). Rücken olivgrün, Seiten heller
mit dunkleren Querbinden, Bauch grauweiß bis graugelblich. Färbung aber al-
ters- und standortabhängig.
Verbreitung: In allen Regionen Europas,
außer in Nordnorwegen, auf der Pyrenäenhalbinsel und in Süditalien.
Biologie: Gefräßiger stationärer Lauerräuber zahlreicher stehender und fließender Gewässer und teilweise der
Haffe. Uferfisch, der sich vorrangig von
Fisch, z.T. aber auch anderen Wirbeltieren ernährt. Hechte neigen vereinzelt
zum Kannibalismums. Die schon ab
dem 2. Jahr geschlechtsreifen Fische laichen in pflanzenreichen Flachwasser-
und Überschwemmungsgebieten. Sehr
schnellwüchsig.
Länge: bis 140 cm; Gewicht: bis 30 kg
(DG: 2–4 kg).
Fang: Wird vorrangig mit *mittlerer bis
schwerer Spinnangel* gefangen; Köder
(große Blinker, Spinner, Wobbler und
Spinnsystem) langsam führen (im Frühjahr und Herbst in tiefem, im Sommer
im Mittelwasser). Biss sofort mit kräf-
tigem Anhieb quittieren. Auch Fang mit
Köderfischangel (besonders für kapitale
Fische) und Fang mit *Flugangel* (Streamer) erfolgversprechend.

Monat	1		2		3		4		5		6		7		8		9		10		11		12	
Laich- und Beißzeiten	-	-	L	L	L	L	L	-	b	b	g	g	g	g	g	g	g	b	b	b	b	b	b	g

Forellenregion	Äschenregion	Barbenregion	Bleiregion	Brackwasserregion
Maränensee	Plötzensee	Bleisee	Zandersee	Hecht-Schlei-See

5 Hasel

(Leuciscus leuciscus), auch Häsling, Sanddöbel

Kennzeichen: R 3/7, Br 1/16-17, B 2/8, A 3/8-9, SL 48-54
Schlanker, nahezu drehrunder Körper, seitlich nur wenig abgeflacht. Maul leicht unterständig, relativ klein; stark gegabelte Schwanzflosse.
Rücken schwarzgrau bis stahlblau, Seiten silbern, Bauch weiß bis silbergrau. Rücken- und Schwanzflosse grau, andere Flossen gelblich bis orange.
Verbreitung: Nördlich der Alpen und Pyrenäen in fast ganz Europa, fehlt in Schottland, West- und Nordnorwegen.
Biologie: *Oberflächenschwarmfisch* meist schnellfließender sauberer, kühler Gewässer; in Seen nur in strömenden Ein- oder Ausflußbereichen vorkommend. Ist ausdauernder und guter Schwimmer, ernährt sich von Kleintieren, im Sommerhalbjahr besonders von Anflugnahrung. Laichzeit von März bis Mai, Eiablage an Pflanzen, Männchen mit Laichausschlag.
Länge: bis 30 cm; Gewicht: bis 1 kg (DG: 0,15 kg).
Fang: Wird im Sommer vor allem mit leichter *Flugangel* unter Verwendung kleiner Trockenfliegen und Nymphen gefangen. Schnelle Anhiebsreaktion erforderlich. Ansonsten Fang mit leichter *Grundangel*, Köder (Würmer, Maden, Fliegen, Sprock) oberflächennah anbieten, auch *Treibangel* mit schwimmendem Köder. Fisch sehr scheu.

Monat	1	2	3	4	5	6	7	8	9	10	11	12
Laich- und Beißzeiten	- -	- -	L L	L L	L L	g g	b b	b b	b b	g g	g -	- -

Forellenregion	Äschenregion	Barbenregion	Bleiregion	Brackwasserregion
Maränensee	Plötzensee	Bleisee	Zandersee	Hecht-Schlei-See

6 Döbel

(Leuciscus cephalus), auch Aitel, Dickkopp

Kennzeichen: R 2/8, Br 1/16-17, B 2/8, A 3/7-9, SL 44-46
Gedrungen wirkender, spindelförmiger Körper, großer Kopf. Maul endständig mit wulstigen Lippen. Rücken graugrün bis graublau, Seiten silberfarben, Bauch weiß, Schuppen auffallend groß mit dunklem Saum; Flossen gelblich bis rötlich.
Verbreitung: In ganz Europa, außer in Dänemark und Nordskandinavien.
Biologie: Als Jungfisch schwarmbildend, später Einzelgänger fließender, selten stehender Gewässer; teilweise auch in Haffen vertreten. Typischer Oberflächenfisch, der als Jungfisch Kleintiere, im Sommerhalbjahr bevorzugt Anflugnahrung, später größere Futtertiere (Fische, Frösche) nimmt. Laichzeit von April bis Juni; Eiablage an Pflanzen und Steinen über kiesigem Grund; Männchen tragen feinkörnigen Laichausschlag.
Länge: bis 60 cm; Gewicht: bis 5,0 kg (DG; 0,5 kg).
Fang: Hervorragender Fisch für *Grund-, Spinn-* und *Flugangler*. Äußerst scheu und vorsichtig. Fang mit mittlerer Grundangel. Köder an kalten Tagen auf Grund legen (Erbsen, Wurm, Teig, Kirsche), an warmen Tagen oberflächennah angeln (Schwimmbrot, Insekten). Beim Spinnangeln kleine Köder verwenden. Flugangeln primär mit großen Trockenfliegen und Nymphen.

Monat	1	2	3	4	5	6	7	8	9	10	11	12
Laich- und Beißzeiten	-	-	g	g	g	g	L	L	L	L	L	g	b	b	b	b	b	g	g	g	g	g	-	-

Forellenregion	Äschenregion	Barbenregion	Bleiregion	Brackwasserregion
Maränensee	Plötzensee	Bleisee	Zandersee	Hecht-Schlei-See

7 Aland

(Leuciscus idus), auch Orfe, Nerfling

Kennzeichen: R 3/8-9, Br 1/15-16, B 2/8, A 3/9-10, SL 55-60.
Relativ hochrückiger, seitlich abgeflachter Körper; Maul endständig. Wird häufig mit Plötze verwechselt. Rücken dunkelgrau, Seiten und Bauch silberfarben, Rückenflosse grau, andere Flossen rötlich. Gelbgoldene Farbvarietäten, sogenannte Goldorfen, sind beliebte Zierfische.
Verbreitung: In Europa östlich des Rheins und nördlich der Alpen, außer in Norwegen und auf der Balkanhalbinsel.
Biologie: Schwarmbildender *Ufer-* und *Oberflächenfisch* ausgedehnter Fluss- und Flussseensysteme sowie der Haffe, der bei niedrigen Wassertemperaturen grundnahe Wasserschichten wählt; geringe Standorttreue; allgemein *Kleintierfresser*, nimmt im Sommerhalbjahr auch Anflugnahrung, größere Exemplare auch Kleinfisch. Laichzeit von März bis Mai, verbunden mit z. T. ausgedehnten Wanderungen stromauf, dabei Bildung großer Schwärme, Ablage bis zu 100000 Eier an Steinen und Pflanzen.
Länge: bis 70 cm, Gewicht: bis 3,5 kg (DG: 0,5 kg).
Fang: Interessanter Fisch für *Grund-*, *Flug-* und *Spinnangler*. Fang mit leichter bis mittlerer Grundangel (tierische und pflanzliche Köder); im Sommerhalbjahr erfolgreich mit Trockenfliege, im Herbst mit kleinsten Spinnködern.

Monat	1	2	3	4	5	6	7	8	9	10	11	12
Laich- und Beißzeiten	-	-	-	-	-	L L	L L g	b b	b b	b b	b g	g g	g -	- -

Forellenregion	Äschenregion	Barbenregion	Bleiregion	Brackwasserregion
Maränensee	Plötzensee	Bleisee	Zandersee	Hecht-Schlei-See

8 Plötze

(Rutilus rutilus), auch Rotauge

Kennzeichen: R 3/9-11, Br 1/15,
B 2/8, A 3/9-11, SL 43
Gestreckter, seitlich abgeflachter Körper, große Exemplare hochrückiger.
Endständiges bis leicht unterständiges
Maul. Wird oft mit Rotfeder verwechselt: Bei Plötze stehen Bauchflossen genau *unter* Rückenflosse; bei Rotfeder
deutlich *vor* Rückenflosse. Rücken oliv-
braun bis blaugrün, Seiten mattsilbern
bis gelblich-silbern, Bauch weiß mit z.T.
rötlichem Schein; Flossen rötlich, Auge
rot.
Verbreitung: In ganz Europa, außer in
Schottland, Nordnorwegen, auf der
Pyrenäenhalbinsel, im Mittelmeerraum.

Biologie: Zahlreich vorkommender
Schwarmfisch aller Gewässertypen, ein-
schließlich Haffe und Teile der Ostsee.
Kleintier- und Pflanzenfresser. Laicht in
den Monaten April und Mai in großen
Schwärmen in pflanzenreichen Flachwasserbereichen, je Weibchen bis zu
100000 Eier; Männchen mit Laichausschlag; vielfach Laichwanderungen.
Neigt bei Überbesatz schnell zur Verbuttung (Kümmerwachstum).
Länge: bis 50 cm; Gewicht: bis 2,5 kg
(DG: 0,15 kg).
Fang: Nahezu ganzjährig mit *leichter
Grundangel* zu fangen. Köder (Wurm,
Kartoffel, Teig, Hanf, Weizen) grundnah anbieten, anfüttern. Schneller Anhieb notwendig. Als ganzer Köderfisch
oder als Fetzenköder geeignet.

Monat	1	2	3	4	5	6	7	8	9	10	11	12
Laich- und Beißzeiten	g	g g	g	g g	L	L L	L	g g	g g	g g	b b	b b	g g	g g

Forellenregion	Äschenregion	Barbenregion	Bleiregion	Brackwasserregion
Maränensee	Plötzensee	Bleisee	Zandersee	Hecht-Schlei-See

9 Graskarpfen

(Ctenopharyngodon idella), auch
Amurkarpfen, Weißer Amur, Grasfisch

Kennzeichen: R 3/7, A 3/8, SL 43-45
Gedrungener, langgestreckter Körper
mit ovalem Querschnitt (ähnelt dem
Döbel); sehr große, nicht sehr fest sitzende Schuppen, relativ kleine Augen,
Kopf unbeschuppt. In der Jugend u. U.
mit Döbel zu verwechseln. Rücken
grauoliv bis blaugrau, Seiten mattsilbern, Bauch hellgrau bis silbrigweiß.
Verbreitung: Ursprungsgebiete Süd-
ostasien, Ferner Osten; in Süd- und Mitteleuropa erst nach entsprechender Ak-
klimatisierung Mitte der 60er Jahre eingebürgert. Sehr sporadische Vorkommen, ausschließlich besatzabhängig.

Biologie: *Schwarmbildender, aber auch*
als *Einzelgänger* auftretender Fisch war-
mer, pflanzenreicher langsamfließender
und stehender Gewässer. Ernährt sich als
Kleinfisch von *Algen* und *Kleinlebewesen*, später hauptsächlich von Unterwasserflora, aber auch von Futtertieren (im
Sommer verstärkt Oberflächennahrung).
Fortpflanzung wird mangels klimatischer
Voraussetzung im mitteleuropäischen
Bereich nicht auf natürliche Weise voll-
zogen (künstliche Erbrütung).
Länge: über 100 cm; Gewicht: bis 40
kg (DG: 5–6 kg).
Fang: Ist mit *Grund-, Spinn-* und *Flug-
angel* zu fangen. Fangtaktik ähnlich wie
Döbel, aber noch immer nur wenig ver-
allgemeinerungsfähige Kenntnisse über
Fang mit Angel vorhanden.

Monat	1	2	3	4	5	6	7	8	9	10	11	12
Laich- und Beißzeiten	- -	- -	- -	g g	g b	b b	b b	g g	b b	b g	- -	- -

Forellenregion	Äschenregion	Barbenregion	Bleiregion	Brackwasserregion
Maränensee	Plötzensee	Bleisee	Zandersee	Hecht-Schlei-See

10 Rotfeder

(Scardinius erythrophthalmus)

Kennzeichen: R 2-3/8-9, Br 1/15-16, B 2/8, A 3/9-12, SL 40-42
Relativ hochrückiger Körper; Maul leicht oberständig bis endständig. Rücken olivgrüngrau bis grünlichbraun, Seiten goldfarben, zum Bauch hin silbern werdend, Bauch weiß; Flossen blutrot, Iris goldfarben bis gelb.
Verbreitung: In ganz Europa, außer in Westschottland, Nordnorwegen, auf der Pyrenäen- und der Apenninenhalbinsel.
Biologie: Vorwiegend auf das Mittelwasser orientierter *Schwarmfisch* stehender und langsam fließender Gewässer, auch im Brackwasser vorkommend;

bevorzugt pflanzenreiche Uferbereiche. *Kleintier-* und *Pflanzenfresser*, Anflugnahrung. Laicht in Schwärmen von April bis Mai an Wasserpflanzen, Männchen zeigt Laichausschlag.
Länge: bis 40 cm; Gewicht: bis 2 kg (DG: 0,2 kg).
Fang: Fang mit *leichter Grundangel*; Köder (Made, Wurm, Teig) im Mittelwasser, bei heißem Wetter oberflächennah zwischen Krautlücken anbieten. An heißen Tagen *auch* Fang mit *Flugangel* möglich; kleine Trockenfliegen (14-16) anbieten. Im oft dichten Unterwasserpflanzenrevier ist Drill mit zu feinem Vorfach meist kompliziert; dieses deshalb gegebenenfalls etwas stärker als beim Angeln im freien Wasser wählen.

Monat	1	2	3	4	5	6	7	8	9	10	11	12
Laich- und Beißzeiten	- -	- -	- g	L L	L L	g g	b b	b b	b g	g g	g -	- -

Forellenregion	Äschenregion	Barbenregion	Bleiregion	Brackwasserregion
Maränensee	Plötzensee	Bleisee	Zandersee	Hecht-Schlei-See

11 Rapfen

(Aspius aspius), auch Schied, Raap, Oderlachs

Kennzeichen: R 3/8, Br 1/16, B 2/8-9, A 3/14, SL 65-73
Langgestreckter, seitlich abgeflachter, kräftig wirkender Körper; großes, weitgespaltenes Maul, durch etwas verlängerten Unterkiefer leicht oberständig wirkend. Rücken olivgrün bis stahlblau, Seiten silbern, Bauch weiß; bauchseitige Flossen mit rötlichem Schein.
Verbreitung: Östlich der Elbe bis weit nach Osteuropa; westlich der Elbe nur sehr geringe regionale Vorkommen.
Biologie: In der Jugend gesellig, später zunehmend einzeln lebender *Oberflächenfisch*. Lebt in Unter- und Mittelläufen größerer Flüsse, auch in Flussseen.

Als Jungfisch *Kleintierfresser*, ab 2. Lebensjahr z. T. schon räuberisch lebend, später ausgesprochener *Raubfisch*, der allerdings auch Oberflächennahrung nimmt. Laicht von Mai bis Juni in schnellen Gewässerabschnitten, Männchen mit Laichausschlag. Lebensweise noch wenig erforscht.
Länge: bis 110 cm; Gewicht: bis 15 kg (DG: 2,0 kg).
Fang: Hervorragender Fisch für *Spinn-* und *Flugangler*. Fang mit mittlerem Spinngerät; kleine Köder (Löffelspinner, Rapfenblei) oberflächennah und sehr schnell führen. Fang mit schwerem Flugangelgerät (AFTMA-Klasse über 8); weite Würfe erforderlich (möglichst Keulenschnur). Köder: Buschige Trockenfliegen, Streamer; kraftvoller Biss, harter Drill.

Monat	1	2	3	4	5	6	7	8	9	10	11	12
Laich- und Beißzeiten	- -	- -	- -	- -	L L	L L	L L	g b	b b	b b	b b	g g	- -

Forellenregion	Äschenregion	Barbenregion	Bleiregion	Brackwasserregion
Maränensee	Plötzensee	Bleisee	Zandersee	Hecht-Schlei-See

12 Ukelei

(Alburnus alburnus), auch Laube, Ückel

Kennzeichen: R 3/8, Br 1/15, B 2/8, A 3/17-20, SL 46-54
Schlanker, seitlich abgeflachter Körper; Maul oberständig, Maulspalt steil nach oben weisend. Rücken grünblau bis grüngrau, Seiten und Bauch silberglänzend, Flossen hellgrau bis graugrün. Der Ukelei wird oft mit dem Schneider verwechselt. Der Schneider ist hochrückiger und hat eine nach unten durchgebogene von zwei Reihen dunkler Punkte eingefaßte Seitenlinie.

Verbreitung: Nördlich der Alpen und Pyrenäen vom Atlantik bis zum Ural vertreten außer in Schottland, Irland, West- und Nordnorwegen.

Biologie: *Oberflächenorientierter Schwarmfisch* nahezu aller langsamfließenden und stehenden Gewässer, z. T. auch im Brackwasser vertreten. *Plankton-* und *Kleintierfresser,* auch Anflugnahrung. Laicht von April bis Juni in flachen, meist steinigen Uferbereichen, Männchen mit Laichausschlag.
Länge: bis 25 cm, Gewicht: bis 0,4 kg (DG: unter 0,1 kg).

Fang: Wird mit *leichter Grundangel* gefangen, kleinste Haken und Köder (Made) erforderlich; Köder oberflächennah anbieten. Anfüttern notwendig, um Schwarm an Angelstelle zu halten. *Auch* sehr anspruchsvoller Fisch für feinstes *Flugangeln,* mit kleinsten Trockenfliegen (18–24). Sehr guter Köderfisch für Aal- und Zanderfang, auch am Spinnsystem.

Monat	1	2	3	4	5	6	7	8	9	10	11	12
Laich- und Beißzeiten	- -	- -	g g	g L	L L	L g	b b	b b	b g	g g	- -	- -

Forellenregion	Äschenregion	Barbenregion	Bleiregion	Brackwasserregion
Maränensee	Plötzensee	Bleisee	Zandersee	Hecht-Schlei-See

13 Blei

(Abramis brama), auch Brassen, Brachsen

Kennzeichen: R 3/9, Br 1/15, B 2/8, A 3/23-28, SL 51-56
Sehr hochrückiger, seitlich abgeflachter Körper; Schwanzflosse stark gegabelt; leicht unterständiges Rüsselmaul. Rücken graublau bis dunkelgrau, Seiten silbrig grau bis messinggrau, Bauch hellsilbrig bis grau. Flossen stets grau (nie andersfarbig, sonst Bastardierung). Farbvarietäten in Kupfer- bis Messingrot und Schwarz bekannt.
Verbreitung: Nördlich der Alpen und Pyrenäen in ganz Europa stark verbreitet, außer in Nordschottland und weiten Teilen Nordskandinaviens.
Biologie: *Schwarmbildender Ufer-* und *Grundfisch* eutropher Seen und der Unterläufe größerer Flüsse, auch in Haffen. *Kleintierfresser* (besonders Zuckmückenlarven). Ab 5. Lebensjahr Laichreife; 200 000 bis 300 000 Eier werden von Mai bis Juni in pflanzenreichen flachen Uferbereichen abgelegt; starker Laichausschlag bei Männchen.
Länge: bis 80 cm; Gewicht: 11,55 kg (Finnland, 1949) (DG: 0,5 kg).
Fang: Mit *mittlerer Grundangel*, Köder (Würmer, Teig, Kartoffel) direkt am oder auf Grund anbieten. Reichliches Anfüttern erforderlich.

Monat	1	2	3	4	5	6	7	8	9	10	11	12
Laich- und Beißzeiten	-	-	-	-	g	g	g	g	L	L	L	L	g	g	b	b	b	b	g	g	g	-	-	-

Forellenregion	Äschenregion	Barbenregion	Bleiregion	Brackwasserregion
Maränensee	Plötzensee	Bleisee	Zandersee	Hecht-Schlei-See

14 Güster

(Blicca bjoerkna), auch Halbbrachsen, Pliete

Kennzeichen: R 3/8, Br 1/14-15, B 2/8, A 3/19-23, SL 45-50
Körper hochrückig und stark abgeplattet, dem Blei sehr ähnlich. Flossen weisen rötlichen Grund auf, sind auch kleiner als beim Blei. Maul weniger unterständig als beim Blei. Rücken grau, Seiten grausilbrig bis silberhell, Bauch hell.
Verbreitung: Nördlich der Alpen und Pyrenäen in ganz Europa, außer in Irland, in weiten Teilen Großbritanniens und Nordskandinaviens.
Biologie: *Gesellig* lebender *Ufer-* und *Grundfisch*, der in den meisten stehenden bis langsamfließenden Binnengewässern und in den Brackwasserbereichen zahlreich vorkommt. Ernährt sich von *Kleinlebewesen* und *Plankton*. Bei zu großer Bestandsdichte schnell zur Verbuttung (Kümmerwachstum) neigend. Nach 3 bis 4 Jahren geschlechtsreif, Ablage der bis zu 100 000 Eier erfolgt im Mai bis Juni in bewachsenen Flachwasserbereichen.
Länge: bis 30 cm; Gewicht: bis 1,0 kg (DG: 0,1 kg).
Fang: Der sehr beißfreudige Fisch wird mit *leichter Grundangel* gefangen; Köder (Teig, Kartoffel, Würmer, Maden) grundnah anbieten. Schwärme gezielt anfüttern, auch während des Angelns kleine Lockfuttergaben nachreichen. Als Köderfisch wegen seiner hochrückigen Form weniger geeignet. Als Fetzenköder hingegen geeignet.

Monat	1	2	3	4	5	6	7	8	9	10	11	12
Laich- und Beißzeiten	-	g	g	g	g	g	g	g	L	L	L	L	g	b	b	b	b	b	b	g	g	g	-	-

Forellenregion	Äschenregion	Barbenregion	Bleiregion	Brackwasserregion
Maränensee	Plötzensee	Bleisee	Zandersee	Hecht-Schlei-See

15 Schleie

(Tinca tinca), auch der Schlei(h)

Kennzeichen: R 4/8-9, Br 1/15-17, B 2/8-9, A 3-4/6-7, SL 90-110 Langgestreckter, spindelförmiger Körper; fällt durch besonders kleine, in schleimiger Haut festsitzende Schuppen auf. Augen sehr klein; Maul klein, endständig, in jedem Maulwinkel ein Bartfaden. Flossen abgerundet. Rücken braunoliv, Seiten goldoliv bis goldbraun, Bauch weiß. Goldfarbige Farbvarietäten, auch Albinos bekannt.

Verbreitung: In ganz Europa, außer in Nordschottland und Nordskandinavien.

Biologie: Bevorzugt ruhige, warme stehende und langsamfließende Gewässer, ausnahmsweise auch in der östl. Ostsee. *Grundfisch* krautreicher, weichgründiger bis schlammiger Gewässerabschnitte, *Kleinlebewesenfresser*. Laichzeit Mai bis Juli, z. T. August; Eiablage an Pflanzen oder im schlammigen Grund.

Länge: bis 75 cm; Gewicht: bis 4,5 kg (DG: 0,5 kg)

Fang: Mit *mittlerer Grundangel*; Köder (Wurm, Kartoffel, Teig, Muschelfleisch) direkt am Grund anbieten. Biss erfolgt in der Regel sehr zaghaft. Pose „kreist" oft sehr lange; Anhieb erst setzen, wenn Pose mindestens 1 m unter Wasser weggezogen wurde.

Monat	1		2		3		4		5		6		7		8		9		10		11		12	
Laich- und Beißzeiten	-	-	-	-	-	-	g	g	L	L	L	L	L	L	b	b	b	b	b	g	-	-	-	-

Forellenregion	Äschenregion	Barbenregion	Bleiregion	Brackwasserregion
Maränensee	Plötzensee	Bleisee	Zandersee	Hecht-Schlei-See

16 Barbe
(Barbus barbus)

Kennzeichen: R 3/8-9, Br 1/15-17, B 2/8, A 3/5, SL 55-65
Gestreckter, spindelförmiger Körper; Maul stark unterständig mit wulstigen Lippen; vier Bartfäden am oberen Lippenrand. Rücken graugrün bis braunoliv, Seiten silber- bis lehmfarben, Bauch hell.

Verbreitung: Hauptverbreitungsgebiet Mitteleuropa, fehlt in Irland, in Skandinavien sowie in weiten Teilen des europäischen Mittelmeerraumes. Bestände allgemein rückläufig.

Biologie: *Gesellig* lebender *Grundfisch* starkströmender Fließgewässer. Nimmt ausschließlich Grundnahrung, insbesondere grundnah lebende Kleintiere, Laich und Fischbrut. Von Mai bis Juli Laichwanderungen stromauf; bis zu 8000 Eier werden an Steinen in mäßig schnell strömendem Wasser abgelegt. Milchner weisen zur Laichzeit körnigen, hellen Laichausschlag auf.

Achtung: *Barbenrogen ist stark giftig!*
Länge: bis 70 cm; Gewicht: bis 7 kg (DG: 1,5 kg).

Fang: Zähkämpfender, anspruchsvoller Fisch für *Grundangler*; wird mit mittelschwerer Grundangel (Bodenbleimontage ohne Pose) beangelt. Als Köder bewähren sich Tauwurm, Käsewürfel, kleinste tote Köderfische. Reichliches Anfüttern erforderlich. Barben sind dämmerungs- und nachtaktiv. Auch Fang mit an *Flugangel* geführter schwerer Nymphe möglich. In sehr scharfem Wasser Naßschnur verwenden.

Monat	1	2	3	4	5	6	7	8	9	10	11	12
Laich- und Beißzeiten	- -	- -	- -	g g	g b	L L	L L	g b	b b	b g	g -	- -

Forellenregion	Äschenregion	Barbenregion	Bleiregion	Brackwasserregion
Maränensee	Plötzensee	Bleisee	Zandersee	Hecht-Schlei-See

17 Karausche

(Carassius carassius), auch
Moor- oder Schneiderkarpfen

Kennzeichen: R 3/17-19, Br 14-16,
B 8-9, A 3/7, SL 31-35
Hochrückiger, aber auch variabel auftretender, seitlich abgeflachter Körper;
Maulstellung: leicht schräg nach oben;
Kreuzungen mit Karpfen vorkommend
(1 Paar Bartfäden). Rücken dunkeloliv
bis graubraun, Seiten messingbraun bis
gelblich-braun mit z. T. grünlichem
Glanz, Bauch gelblich-weiß bis schmutzigweiß. Schwanzstiel trägt vielfach
dunklen Fleck. Flossen dunkelgraubraun, z. T. mit rötlichem Farbton.
Verbreitung: Nördlich der Alpen von
England über Nordostfrankreich bis
weit nach Osteuropa. Tatsächliche Verbreitungsgrenzen durch künstlichen Besatz unsicher zu bestimmen.
Biologie: Anspruchsloser, sehr widerstandsfähiger, schwarmbildender Grundfisch vorwiegend weichgründiger stehender Gewässer (auch Tümpel). *Kleintier-* und *Pflanzenfresser.* Laicht bis zu
300 000 Eier an Wasserpflanzen von
Mai bis Juni. Neigt zur Verbuttung
(Kümmerwachstum).
Länge: bis 50 cm; Gewicht: bis 2,5 kg
(DG: 0,2kg).
Fang: *Leichte bis mittlere Grundangel.*
Köder (Wurm, Teig, Kartoffel) direkt
über oder auf Grund. Bei schlammigem
Grund Köder nicht auflegen. Anfüttern!

Monat	1	2	3	4	5	6	7	8	9	10	11	12
Laich- und Beißzeiten	-	-	-	-	-	-	g	g	L	L	L	L	g	b	b	b	b	b	g	-	-	-	-	-

Forellenregion	Äschenregion	Barbenregion	Bleiregion	Brackwasserregion
Maränensee	Plötzensee	Bleisee	Zandersee	Hecht-Schlei-See

18 Giebel

(Carassius auratus gibelio),
auch Silberkarausche, Preussenkarpfen

Kennzeichen: R 3/17-19, Br 15-16,
B 7-9, A 2/5-7, SL 27-31
Ähnelt Karausche (17), aber von dieser
sicher zu unterscheiden: weniger hochrückig, leicht konkave Rückenflosse,
kein dunkler Fleck auf Schwanzstiel.
Rücken oliv bis braungrau, Seiten silber-
gelb bis silbergrau, Bauch hell, Bauchfell
schwarz pigmentiert. Zahlreiche Farbvarietäten bekannt.
Verbreitung: Ursprünglich in Sibirien
und Ostasien beheimatet. Tatsächliche
Verbreitung in Europa weitgehend un-
geklärt; Bestände in Ost-, Mittel- und
Nordeuropa, weniger in Westeuropa
(wahrscheinlich ausgesetzt).

Biologie: Ähnlich anspruchslos und
widerstandsfähig wie Karausche;
Schwarmbildner, lebt z. T. im *Schwarm-
verband* mit anderen Arten. In eutro-
phen stehenden und langsamfließenden
Gewässern, selbst in kleinsten Tümpeln
heimisch. *Kleintierfressender Grundfisch.* Laichzeit Mai – Juni. Giebel bilden
einzigen bisher bekannten Fall unge-
schlechtlicher Vermehrung. Giebelrog-
ner suchen Laichplätze verwandter Arten auf, um Eientwicklung durch Spermien artfremder Männchen (ohne
tatsächliche Kernverschmelzung) anzu-
regen. Nachzucht besteht dann nur aus
Weibchen.
Länge: bis 35 cm; Gewicht: bis 1,5 kg
(DG: 0,1 kg).
Fang: *Leichte bis mittlere Grundangel,*
sonst wie Karausche beangeln.

Monat	1	2	3	4	5	6	7	8	9	10	11	12
Laich- und Beißzeiten	-	-	-	-	-	-	g	g	L	L	L	L	g	g	b	b	b	b	g	-	-	-	-	-

Forellenregion	Äschenregion	Barbenregion	Bleiregion	Brackwasserregion
Maränensee	Plötzensee	Bleisee	Zandersee	Hecht-Schlei-See

19 Karpfen
(Cyprinus carpio)

Kennzeichen: R 3-4/17-22,
Br 1/15-16, B 2/8-9, A 3/5-6,
SL 35-39 (beim Schuppenkarpfen).
Allgemein hochrückige, durch Züchtung aber sehr variabel auftretende Körperform. Vier Beschuppungsformen: l. Schuppenkarpfen, normal beschuppt; 2. Zeilkarpfen, auf Seitenlinienhöhe und am Rücken eine oder mehrere Schuppenreihen; 3. Spiegelkarpfen, wenige unregelmäßig verteilte Spiegelschuppen meist am Rücken und Schwanzstiel; 4. Nacktkarpfen, nahezu schuppenlos. Maul endständig, vorstülpbar, 4 Bartfäden. Rücken meist graublau bis schwarzblau, Seiten silbriggrau bis messingfarben, Bauch hellgrau bis weiß.

Verbreitung: Ursprungsgebiet Kleinasien, Schwarzmeerraum und Mittelasien. Kommt als Fisch der Teichwirtschaft fast in ganz Europa vor. Lebt vielerorts verwildert.
Biologie: *Grundfisch* tieferer, langsamfließender und stehender Gewässer (auch Teiche). Im Sommer auch oberflächennah; ernährt sich von *Kleintieren* und *Pflanzenteilen*. Von Mai bis Juli werden bis zu 700 000 Eier in warmen Flachwasserbereichen abgelegt.
Länge: bis 100 cm; Gewicht: bis 30 kg (DG: 1,5-3 kg).
Fang: Mit *mittlerer Grundangel* (Spezialmontagen). Köder (Wurm, Kartoffel, Teig) allgemein grundnah, an heißen Sommertagen an der Treibangel (Schwimmbrot) an der Oberfläche anbieten. Anfüttern. Fisch sehr scheu.

Monat	1	2	3	4	5	6	7	8	9	10	11	12
Laich- und Beißzeiten	- -	- -	- -	g	g	L L	L L	L g	b b	b b	g g	- -	- -

Forellenregion	Äschenregion	Barbenregion	Bleiregion	Brackwasserregion
Maränensee	Plötzensee	Bleisee	Zandersee	Hecht-Schlei-See

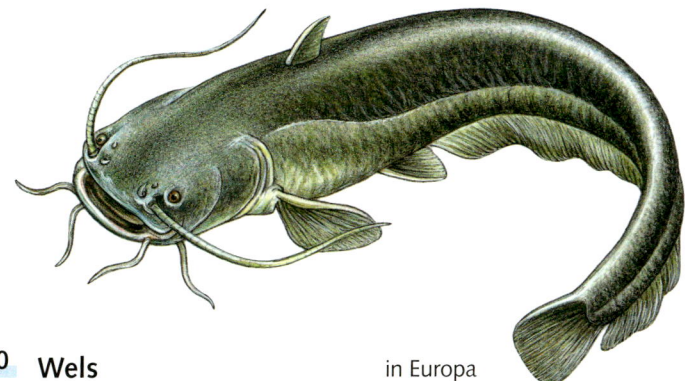

20 Wels

(Silurus glanis), auch Waller

Kennzeichen: R 1/4, Br 1/14-17, B 11-13, A90-92 (in Schwanzflosse übergehend)
Runder, zum Schwanz hin abgeflachter „bulliger" Körper mit sehr großem Kopf; ohne Schuppen; Augen sehr klein; auffallend großes Maul mit zahlreichen Hechelzähnen; zwei lange Bartfäden am Oberkiefer, vier kürzere am Unterkiefer. Schwärzlich-blauer Rücken, schwärzlich-grüne Seiten, im unteren Bereich olivgrüne Marmorierung, gelblich-weißer, z. T. auch rötlich-weißer Bauch mit dunkleren Flecken.
Verbreitung: Östlich der Elbe bis zum Ural, Donaugebiet; im Rhein- und Wesergebiet erfolgreich angesiedelt. Sonst in Europa streng lokalisierte Vorkommen.
Biologie: *Grundfisch* größerer Ströme und Seen, standortgebunden. Am Tag in der Regel unterständig; dämmerungs- und nachtaktiv. Nur als Jungfisch *Kleintierfresser*, später *Raubfisch*, der selbst größere Wirbeltiere frisst. Laicht von Mai bis Juni bei Wassertemperaturen über 18 °C an speziell vom Fisch vorbereiteten Laichplätzen (Nest). Länge: bis 300 cm; Gewicht: bis 200 kg (DG: 10 kg).
Fang: Besonders im Hochsommer mit *schwerer Grundangel*; Köder (größere Köderfische) in Grundnähe anbieten. *Auch* Fang mit schwerer *Spinnangel*; Köder (gr. sinkende Wobbler) dicht über Grund. Landung mit Gaff oder Griff ins Maul (absolut gefahrlos).

Monat	1	2	3	4	5	6	7	8	9	10	11	12
Laich- und Beißzeiten	- -	- -	- -	- -	L L	L L	g b	b b	b g	- -	- -	- -

Forellenregion	Äschenregion	Barbenregion	Bleiregion	Brackwasserregion
Maränensee	Plötzensee	Bleisee	Zandersee	Hecht-Schlei-See

21 Aal

(Anguilla anguilla),
auch Gelbaal, Flussaal, Blankaal

Kennzeichen: Schlangenförmiger Körper; ungegliederter Flossensaum, kleine Brustflossen, ohne Bauchflossen; endständiges Maul; bürstenartige Bezahnung. Sehr kleine Schuppen. Rücken schwärzlichblau bis braungrün, Bauch grauweiß bis schmutziggelb.
Verbreitung: Natürliches Vorkommen in allen mit dem Atlantik in Verbindung stehenden Gewässersystemen, mit Ausnahme der ins Schwarze Meer entwässernden Flüsse. Bei künstlichem Besatz auch in geschlossenen Gewässern.
Biologie: Von den Laichgebieten im Atlantik (Sargassomeer) schwimmen Aallarven – durch den Golfstrom unterstützt – in europäische Seegebiete, wo sie als Glasaale bis zu den Küsten vordringen. Bei Einwanderung in die Flüsse erfolgt Pigmentierung der Jungaale (Steigaale). Männchen verbleiben weitgehend – meist nur 40 bis 45 cm lang werdend – im Küstenbereich, Weibchen steigen in Binnengewässer auf. Nach 5–7 Jahren (Männchen) bzw. 8–12 Jahren (Weibchen) Rückwanderung zum Laichort Sargassomeer; anschließend sterben die Aale. „Spitzkopfaale" sind Kleintierfresser, „Breitkopfaale" (die andere Ernährungsform) fressen vorrangig Fische. Vom Aussterben bedroht!
Länge: bis 150 cm; Gewicht: bis 6,0 kg (DG: 0,4 kg)
Fang: Mit der *mittleren Grundangel* (Tauwurm, Krebsfleisch, Köderfischchen) Köder direkt am Grund oder dicht über Grund anbieten. Nicht drillen, sofort zügig landen!

Monat	1	2	3	4	5	6	7	8	9	10	11	12
Laich- und Beißzeiten	-	-	-	- - g	g b	b b	b b	b g	g g	g g g	- -	- -

Forellenregion	Äschenregion	Barbenregion	Bleiregion	Brackwasserregion
Maränensee	Plötzensee	Bleisee	Zandersee	Hecht-Schlei-See

22 Quappe

(Lota lota), auch Aalquappe, Rutte, Trüsche

Kennzeichen: R I 9-16, R II 67-85, Br 18-20, B 5-6, A 65-78
Langgestreckter, im Vorderdrittel walzenförmiger, hinten stark zusammengedrückter Körper; Kopf breit, abgeplattet. Sehr kleine Schuppen, Kinn mit Bartfaden, Maul leicht unterständig, Kiefer mit Hechelzähnen versehen. Rücken und Seiten braun, gelboliv bis grünlich, mit dunkleren Marmorierungen, Bauch schmutzigweiß.
Verbreitung: Nördlich der Pyrenäen und des Balkans in fast ganz Europa.
Biologie: *Grundorientierter*, einziger zu den Dorschen zählender Süßwasserfisch der Flüsse und Seen, kommt vereinzelt auch in Haffen vor. Bevorzugt kühles, sauberes Wasser. Zunächst *Kleintierfresser*, später vorwiegend *Fischfresser*. Laichzeit November bis Februar, Laichwanderungen in großen Zügen stromauf. Nimmt auch während der Laichzeit aktiv Nahrung auf. Ist aus Forellengewässern seiner Laich- und Bruträuberei wegen zu entfernen.
Länge: bis 80 cm; Gewicht: bis 5 kg in Mitteleuropa, in Osteuropa bis 32 kg nachgewiesen (DG: 0,7 kg).
Fang: Mit *mittlerer Grundangel* (Bodenbleimontage) besonders während der Laichwanderungen vor Schleusen, Wehren und anderen die Fische aufhaltenden Wasserverbauungen. Köder (Tauwurm, Köderfisch, Hühnerdärme) am Rande der Hauptströmung und in Drehbereichen plazieren. Der Biss ist energisch; wenn Fisch abzieht – anschlagen und zügig landen (nicht drillen)!

Monat	1	2	3	4	5	6	7	8	9	10	11	12
Laich- und Beißzeiten	L	L	b	b	g	g	g	- - -	- - -	- - -	g g	g b	L b L b	L b L b

Forellenregion	Äschenregion	Barbenregion	Bleiregion	Brackwasserregion
Maränensee	Plötzensee	Bleisee	Zandersee	Hecht-Schlei-See

23 Barsch

(Perca fluviatilis), auch Bars, Bürschling

Kennzeichen: R I 13-17/0, R II 1/14-15, Br 14, B 1/5, A 2/8-9, SL 54-68
Gedrungener Körper, relativ hochrückig, recht großer Kopf mit großen Augen; Maul endständig, bezahnt. Rücken dunkel, Seiten grünlich bis messingfarben mit 5 bis 7 dunklen Querstreifen, Bauch hell, Bauch- und Afterflosse rot, erste Rückenflosse trägt schwarzen bis schwärzlichblauen Punkt.

Verbreitung: In ganz Europa, außer in Nordschottland, Nordnorwegen, auf der Pyrenäenhalbinsel, in Italien.

Biologie: Schwarmweise lebender Fisch, der altersabhängig verschiedene Gewässerbereiche und -regionen bevölkert. Kleine Barsche sind *Kleintierfresser*, später dominiert die *räuberische Lebensweise.* In nahezu allen stehenden und fließenden Gewässern, auch in Haffen anzutreffen. Fortpflanzung erfolgt im April, z. T. auch noch im Mai; Ablage von 200 000 bis 300 000 Eiern in sogenannten Laichbändern an Wasserpflanzen. Bei starken Beständen entsteht Kümmerwachstum (Verbuttung). Länge: bis 50 cm; Gewicht: bis 3,5 kg (DG: 0,2 kg).

Fang: Mit *mittleren* wurm- oder fischbeköderten *Grundangeln* oder *leichter Spinnangel* (mit kleinen Löffelspinnern). Auch Flugangel (Streamer). Vorsichtig drillen, Haken schlitzen leicht aus! Bessere Barsche immer mit Kescher landen.

Monat	1	2	3	4	5	6	7	8	9	10	11	12
Laich- und Beißzeiten	g	g	g	g	g	- L	L	L	g	g	g	b b	b b	g g	g g	g g	g g

Forellenregion	Äschenregion	Barbenregion	Bleiregion	Brackwasserregion
Maränensee	Plötzensee	Bleisee	Zandersee	Hecht-Schlei-See

24 Zander

(Sander lucioperca),
auch Schill, Hechtbarsch

Kennzeichen: R I 13-15/0,
R II 1-2/19-23, Br 0/15,
B 1/5, A 2/11-12. SL 75-100
Gestreckter Körper mit zugespitztem,
langschnäuzigem Kopf; Maul bis unter
die Augen gespalten; Kiefer stark bezahnt mit großen Fangzähnen („Kat-
zengebiß"). Rücken dunkelgrau-oliv bis
olivgrün, Seiten mattsilbrig mit olivem
Schein und 8-10 dunkleren Querbinden, Bauch silbrigweiß.
Verbreitung: Vom Rhein bis weit nach
Osteuropa.
Biologie: Relativ *standorttreuer Raubfisch* der Freiwasserregion größerer

Flüsse sowie Seen und Haffe. Als Jungfisch *Kleintierfresser*, später ausschließlich *Fischfresser* (Stinte, Ukelei). Geschlechtsreif ab 4. Lebensjahr. Eiablage
im April bis Mai in hartgründigen
Gewässerabschnitten an Steinen und
versunkenem Buschwerk.
Länge: bis 120 cm; Gewicht: bis 15 kg
(DG: 1,5 kg).
Fang: Wird vorrangig mit Köderfisch
am Einfachhaken gefangen. Köder wird
grundnah angeboten; Biss erfolgt oft
recht vorsichtig; Köder schlucken lassen
und erst Anhieb setzen, wenn er deutlich abzieht. Auch Fang mit Spinnangel
erfolgreich, obwohl allgemein wenig
praktiziert. Biss oft kaum zu spüren,
sofort anschlagen. Auch Fang mit
kleineren Pilkern möglich.

Monat	1		2		3		4		5		6		7		8		9		10	11	12
Laich- und Beißzeiten	-	-	-	-	-	-	L	L	L	L	g	g	g	g	b	b	b	b	g	g	g	g	g	-

Forellenregion	Äschenregion	Barbenregion	Bleiregion	Brackwasserregion
Maränensee	Plötzensee	Bleisee	Zandersee	Hecht-Schlei-See

25 Hornhecht

(Belone belone), auch Hornfisch, Grünknochen

Kennzeichen: R 2/15-16, Br 1/11-13, B 6-7, A 2/18-21
Pfeilförmiger Körper mit fast kreisförmigem Querschnitt; lang ausgezogenes, knöcheriges, bezahntes Schnabelmaul; Schuppen leicht lösbar. Rücken dunkelblaugrün, Seiten leuchtend hellgrün, Bauch silberweiß.
Verbreitung: In allen am europäischen Kontinent angrenzenden Meeren.
Biologie: Atlantischer *Wanderfisch*, während der kalten Jahreszeit im offenen Meer; *Schwarmfisch oberflächenorientiert*. Hervorragender Schwimmer! Laicht von März bis Mai in Ostsee, Nordsee, Kattegat, in den Belten; Laichgeschäft kann bis September dauern.

Bis zu 35 000 Eier werden von einem Rogner in flachen Küstenbereichen an Pflanzen und Steinen abgelegt. Nach dem Ablaichen jagen Hornhechte vor allem Kleinfische.
Länge: bis 90 cm; Gewicht: bis 1,0 kg (DG: 0,3 kg).
Fang: Mit flachgestellter (auf 1–1,5 m Tiefe), *mittlerer Grundangel*, bei bewegter See tiefer angeln. Köder: Fisch (Stichling), frische Heringsstücke. Heftiger Biss, Anhieb bei Naturköder nicht notwendig. *Auch* Fang mit mittlerer *Spinnangel*. Schlanke silberne Köder extrem schnell führen; bei Biss kräftig anschlagen, sofort zügig landen. Hohe Fehlbissquote, da Haken im knöcherigen Maul schlecht fassen. Der Hornhecht bevölkert selbst ufernahe Flachwasserbereiche. Hier kann er vom Land aus oder watend beangelt werden.

Monat	1	2	3	4	5		6	7	8	9	10	11	12
Laich- und Beißzeiten	- -	- -	- -	- -	L	L	g b	b g	- -	- -	- -	- -	- -

Brackwasser-region	Küsten-region	offenes Meer bis 100 m Tiefe	offenes Meer bis 200 m Tiefe	Oberfläche
				Mittelwasser
				Grund

26 Makrele
(Scomber scombrus)

Kennzeichen: : R I 10-15/0,
R II 1/10-13, dahinter 5-6 Flössel,
A 2/8-13, dahinter 4-6 Flössel
Gedrungener, spindelförmiger Körper;
Maul weit gespalten. Rücken leuchtend
grünblau mit dunkler Marmorierung,
Seiten und Bauch rötlich-perlmuttfar-
ben, im toten Zustand matt blausilbern.
Verbreitung: In allen am europäischen
Kontinent angrenzenden Meeren.
Biologie: Geschickt schwimmender,
schwarmbildender Zugfisch; im Winter
bodenorientiert, im Sommer oberflä-
chennah. Fisch hält Winterruhe ohne
Nahrungsaufnahme, April bis Mai Zug
in Küstennähe. Laichzeit vor Südeng-
land, Nordfrankreich und Nordsee von
Mai bis Juni, Skagerrak und Kattegat

Juni bis Juli. Das Ablaichen der Makre-
len erfolgt oberflächennah, bis 450 000
Eier. Nach dem Laichen räuberische Lebensweise.
Länge: bis 60 cm; Gewicht: bis 2,5 kg
(DG: 0,5 kg).
Fang: An den Küstenbereichen der Ostsee erfolgt der Fang mit *mittlerer
Grundangel*, Köder (Sprotte oder He-
ringsfetzen) in 5 bis 10 m Tiefe, aber
auch grundnah anbieten. Entlang der
Nordseeküste meidet die Makrele wegen der allgemeinen Wassertrübung die
Landnähe. Hier hält sich dieser Fisch
weiter seewärts auf; auch im Seegebiet
um Helgoland gutes Fangrevier. Biss
heftig – sofort hart anschlagen! *Auch
Fang mit Spinnangel* erfolgversprechend (Makrelenpilker, Toby, Heintz-
Blinker). Ebenfalls Fang mit Schleppan-
gel (Paternostermontagen).

Monat	1	2	3	4	5	6	7	8	9	10	11	12
Laich- und Beißzeiten	- -	- -	- -	- L	L L	L L	L g	b b	b b	g -	- -	- -

Brackwasser-region	Küsten-region	offenes Meer bis 100 m Tiefe	offenes Meer bis 200 m Tiefe	Oberfläche
				Mittelwasser
				Grund

27 Dorsch

(Gadus morrhua), auch Kabeljau

Kennzeichen: R I 12-16, R II 14-24,
R III 17-21, Br 16-21, B 5-6,
A I 17-23, A II 15-19
Bauchig wirkender, zum Schwanz hin
sich stark verjüngender Körper, großer
Kopf; am gegenüber dem Oberkiefer
kürzeren Unterkiefer befindet sich ein
Bartfaden. Färbung stark standortabhängig.
Verbreitung: Im Nordatlantik, als Lokalrasse auch in weiten Teilen der Ostsee.
Biologie: Gliedert sich in verschiedene
Stämme mit unterschiedlichen Wanderrouten. Lebt in Tiefen bis 500 m als
räuberischer, *schwarmbildender Grundfisch*. Mehrzahl der Stämme laicht im

Frühjahr bei 4–6 °C Wassertemperatur,
bis zu 5 Millionen Eier. Ausgesprochener Kaltwasserfisch, meidet Temperaturen über 10 °C.
Länge: bis 150 cm; Gewicht: bis 40 kg
(DG Ostsee: 2 kg).
Fang: Wird mit *mittlerer bis schwerer
Grundangel* (lange Rute beim Angeln
von Land aus, Brandungsrute) gefangen. Köder (Garnele, Wattwurm, Sprotte, Tobias) an Bodenbleimontage oder
Gleitfloßmontage anbieten. *Auch* Fang
mit *Spinnangel*; Köder (Pilker) am
Grund führen, dabei stets Wechsel von
Anheben und Absinken des Köders beachten. Beim Brandungsspinnangeln
schlanke, aber recht schwere Blinker
verwenden. Laichzeit-Beißzeit-Schema
bezogen auf westliche Ostsee.

Monat	1	2	3	4	5	6	7	8	9	10	11	12
Laich- und Beißzeiten	g g	g g	g L	L L	L -	g g	g g	g g	g b	b b	g g	g

Brackwasser-region	Küsten-region	offenes Meer bis 100 m Tiefe	offenes Meer bis 200 m Tiefe	Oberfläche
				Mittelwasser
				Grund

28 Flunder

(Platichthys flesus), auch Graubutt,
Rauhbutt

Kennzeichen: R 49-71, Br 7-l3, A 33-48
Platter Körper mit rauher Oberfläche
und dornigen Hautwarzen; Maul oberständig, bis unter die Augen gespalten.
Etwa zwei Drittel aller Flundern recht-
säugig, ein Drittel linksäugig. Oben
braungrau mit brauner Marmorierung,
Färbung aber stark variierend unten
schmutzig-grauweiß.
Verbreitung: In allen europäischen Küstenbereichen bis zu 25 m Wassertiefe.
Biologie: *Grundfisch* küstennaher Flachwasserbereiche, lebt auch im Brackwas-

ser. Vereinzelt steigen Flundern im Sommer in Flüsse auf (z.B. Elbe bis Mag-
deburg). Ernährt sich von maritimen
Kleinlebewesen, später auch von Kleinfisch, vorwiegend nachtaktiv. Laicht
von Februar bis April in südlicher und
südöstlicher Nordsee in 20-40 m Tiefe,
in westlicher Ostsee in 40-100 m Tiefe
bei mindestens 10 ‰ Salzgehalt.
Länge: bis 50 cm; Gewicht: bis 1,5 kg
(DG Ostsee: 0,25 kg).
Fang: Fang mit *mittlerer Grundangel*
(Bodenbleimontage), Köder (Schlick-
wurm, Garnele, Heringsstück) auf sandigem bis schlickigem Grund bei etwa
2 m Tiefe anbieten. Biss, auch bei Wel-
lengang, kräftig spürbar.

Monat	1	2	3	4	5	6	7	8	9	10	11	12
Laich- und Beißzeiten	-	-	L	L	L	L	L	L	g	g	b	b	b	b	b	b	b	g	g	-	-	-	-	-

Brackwasser-region	Küsten-region	offenes Meer bis 100 m Tiefe	offenes Meer bis 200 m Tiefe	Oberfläche
				Mittelwasser
				Grund

Fangbuch

Sollte aus Ihnen nach dem Durcharbeiten dieses Buches tatsächlich ein Angler geworden sein oder sollten Sie schon zuvor ein Angler gewesen sein, wird sich früher oder später das Bedürfnis bei Ihnen einstellen, die Erlebnisse am Fischwasser festzuhalten, um damit auch noch Jahre später den ganz konkreten Angeltag in Ihre Erinnerung zurückzurufen. Doch nicht nur das: Führen Sie ein Fangbuch, beugen Sie – zumindest für sich selbst – der Legendenbildung vor und können eines Tages auch bestimmte Schlussfolgerungen aus Ihren Aufzeichnungen ziehen.

Persönlich führe ich seit Jahrzehnten ein Fangbuch, in das ich alle mir wichtig erscheinenden Umstände und Bedingungen eines Angelausflugs eintrage. Insbesondere trage ich sehr penibel die Witterungs- und Gewässerverhältnisse sowie die angeltechnischen und angeltaktischen Fakten in mein Fangbuch ein. Und natürlich werden Datum, Angelzeit, das jeweilige Angelgewässer und sonstige mir bedeutsame Dinge wie Luftdruckverhältnisse und die Temperaturen von Luft und Wasser festgehalten.

Ich gebe Ihnen nachfolgend eine Anregung mit Eintragungsbeispiel für die Führung eines Fangbuchs. Sie können diesen Vorschlag übernehmen oder ganz nach Ihren persönlichen Vorstellungen ergänzen oder verändern.

Fangtagebuch für das Jahr ....

Datum	Angelgewässer	Angelzeit
01. 09.	Stepenitz bei Lübzow, oberhalb Schlatbacheinmündung	15 bis 18 h

Wetterverhältnisse	Wasserverhältnisse	Angelmethode Köder	Fang-ergebnis	Sonstiges
schwülwarm, bewölkt, leichter Nieselregen, später trocken und aufklarend, schwacher Südwest, Luftdruck fallend, Nächte kühl	nach Regen an Vortagen noch erhöhter, aber rückläufiger Wasserstand mit leichter Trübung	Bodenbleimontage, Tauwurm Spinnangel, 3er Mepps-Aglia	2 Aale (48 u. 56 cm) 1 Hecht (58 cm); 3 kleine Barsche	auf Spinner 2 weitere Hechte verloren; Wasserpflanzen noch stark entwickelt

Längen- und Gewichtstabelle *)

Forellen		Karpfen		Hecht (I)		Hecht (II)	
cm	Gramm	cm	Gramm	cm	Gramm	cm	Gramm
28	220	35	840	50	750	76	3220
30	280	36	920	51	830	77	3360
31	310	37	1000	52	880	78	3500
32	340	38	1100	53	940	79	3640
33	370	39	1200	54	1000	80	3800
34	410	40	1300	55	1060	81	3960
35	450	41	1400	56	1120	82	4140
36	490	42	1520	57	1180	83	4320
37	530	43	1660	58	1250	84	4500
38	570	44	1800	59	1320	85	4680
39	620	45	1940	60	1400	86	4860
40	670	46	2080	61	1490	87	5040
41	720	47	2240	62	1580	88	5240
42	780	48	2400	63	1680	89	5460
43	840	49	2580	64	1780	90	5680
44	900	50	2760	65	1880	91	5920
45	970	51	2940	66	1980	92	6160
46	1040	52	3120	67	2080	93	6400
47	1110	53	3300	68	2200	94	6640
48	1180	54	3500	69	2320	95	6980
49	1250	55	3700	70	2440	96	7220
50	1330	56	3920	71	2560	97	7460
		57	4140	72	2680	98	7700
		58	4360	73	2800	99	7950
		59	4580	74	2940	100	8200
		60	4810	75	3080		

*) Die Gewichtsangaben können von Gewässer zu Gewässer und abhängig vom Nahrungsangebot, vom Geschlecht, vom Reifegrad u. a. stark schwanken.

Sachregister

Aal 176
- Angeln auf 88
Aalhaken 37, 38
Aalquappe s. Quappe
Abramis brama s. Blei
AFTMA-Klassen 134, 137
Aitel s. Döbel
Aktion der Rute 27
Aktionsformen 27, 103
- parabolische Aktion 27
- progressive Aktion 27
- Spitzenaktion 27
Aland 162
Alburnus alburnus
    s. Ukelei
Amurkarpfen s. Graskarpfen
Anbiss 68
Anfüttern 66
Angelhaken 36
- beflockte 47
- Formen 36
- Qualitätskriterien 37
Angeln in Kunst und Litera-
    tur 17
Anguilla anguilla s. Aal
Anhieb 68
- stumpfer Winkel beim 69
Anschlag s. Anhieb
Antennenpose 31
Anwinden eines Rutenringes
    26
Arseley-Bombe 35
Arterienklemme 51, 52
Asch s. Äsche
Äsche 158
Äscher s. Äsche
Äschenregion 12
Aspius aspius s. Rapfen
Atmung der Fische 151
Ausloten 66, 67

Ausschachtungsgewässer 6
Auswahl des Angelplatzes
    64
Automatikrolle 136

Bachforelle 156
Bachforellenregion 12
Bachforellensee 6
backing s. Nachschnur
Bambus 23
Bandwurmfinnen 92
Barbe 171
Barbenregion 12
Barbus barbus s. Barbe
BARNES, J. 18
Bars s. Barsch
Barsch 178
- Fang mit dem Köderfisch
    95
- Fang mit der Spinnangel
    124
Barschberg s. Erhebungen,
    unterseeische
Bauchdrilling s. Spinnköder
Beißzeiten, Schema der 155
Behältnisse für Geräte 48
Behandlung geschonter
    Fische 73
- untermaßiger Fische 73
Belone belone
    s. Hornhecht
Beringung s. Rutenringe
Bestimmung der Fischarten
    132
Big-S 109
Binsen 9
Biss s. Anbiss
Blankaal s. Aal
Blei 168
- Angeln auf 77

Bleibeschwerung, Formen
    34
- Funktion 34
Bleidraht 34, 35
Bleifolie 34, 35
Bleikopfspinner 108, 127
Bleiolive 35
Bleiregion 14
Bleischrot 34, 35
Bleisee 8
Blicca bjoerkna s. Güster
Blinker 106, 107
Bodenblei, rollendes 35
Bodenbleimontagen ohne
    Pose 56
Bogenwurf 62, 63
BORNE, M. v. d. 19
Brachsen s. Blei
Brackwasserregion 14
Brassen s. Blei
Breiter Löffel 107
Breitkopfaal s. Aal
BROOKS, R. 18
BROWNE, M. 18
Buldo s. Wasserkugel
Bürschling s. Barsch

*C*arassius auratus gibelio
    s. Giebel
Carassius carassius
    s. Karausche
Ctenopharyngodon idella
    s. Graskarpfen
Cyprinus carpio
    s. Karpfen

Devon 108
Dickkopf s. Döbel
Döbel 161
- mit Schwimmköder auf 81

Doppelhaken 36, 39
double taper s. Fliegen-
 schnur, doppelt verjüngt
Drill 69
- auf engem Raum 70, 71
Drillingshaken 36, 39

Eindrillingssystem 111,
 112
Einfachhaken 36, 37
Einhakensystem 125, 127
Einhandspinnrute 104
Einhänger 51, 52
Einheit von Hege und Fisch-
 fang 19
Einsteckrute 22, 24, 102
- Verbindung von 24
Eisangeln 97
Eisbohrer 97
Endring s. Spitzenring
Entwicklung der Angelfisch-
 fangs 17
Erhebungen, unterseeische
 10, 96
ESCHENBACH, W. v. 17, 18
Esox lucius s. Hecht
Eutrophierung 16

Fanghinweise s. Fische,
 Kurzbeschreibung
Faulschlammbildung 10
Faulschlammzone 10
Fische, Kurzbeschreibung
 155
Fischen mit der Nassfliege
 s. Nassfischen
Fischen mit dem Streamer
 s. Streamer-fischen
Fischen mit der Trockenfliege
 s. Trockenfischen
Fischkrankheiten, Gefahr der
 Übertragung von 93
Fischtöter 74
Flachspinnen 123
Fliege s. Flugangelköder
Fliege mit anliegenden Flü-
 geln 140

Fliege mit ausgebreiteten
 Flügeln 140
Fliege mit stehenden Flügeln
 140
Fliegenfischen s. Flugangeln
Fliegenvorfach 139
Fliegenwurftechnik 143
Fließgewässer 11
Flossenformel 155
floating line s. Trocken-
 schnur
floating/sinking line s. Tro-
 ckenschnur mit Sinkspitze
Flugangelgerät 134
Flugangelköder 139
Flugangeln, Definition 131
Flugangelrolle 136
Flugangelschnur 137
- doppelt verjüngt 138
- Funktion 137
Flugrute 134
Flunder 183
Flussaal s. Aal
Flusssee 6
Fortpflanzung der Fische
 153
Freiwasserregion 10
Friedfischrute 23
Führungsring s. Laufring
Futterbeutel 80
Futternetz s. Futterbeutel
Futterreaktion 64, 66

Gadus morrhua s. Dorsch
Gaff 49, 50
Gebirgsforellenbach 12
Gelbaal s. Aal
Gelbe Teichrose 10
Gelegezone 9
Gerätezusammenstellung
 52, 112
Gesichtsfeld des Fisches 152
Gewässerprofil 9, 10
Gewässerschutz 16, 66
Gewichtsklasse s. AFTMA-
 Klasse
Giebel 173

Giftigkeit 171
Glasaal s. Aal
Glasfaser 23
Gleitpose 32, 33
Goldorfe s. Aland
Grasfisch s. Graskarpfen
Graskarpfen 164
Gräten 151
Graubutt s. Flunder
Griffgestaltung s. Rutengriff
Grundangelgerät, leichtes 52
- mittleres 53
- schweres 53
Grundangelköder 41
- künstliche 46
- natürliche 41
Grundangelmontagen mit
 Pose 55
Grundangeln, Definition 20
Grundangelrute 23
Grundangeltaktik 64
Grundangeltechnik 21
Grundblei s. Laufblei
Grundrolle 28
Grundrute, beringt, mit Rolle
 22, 24
Grundsucher 51, 67
Grünknochen s. Hornhecht
Güster 169

Hakengrößen 39, 40
- altes System 39
- neues System 39
Hakenlöser 51, 52
Halbbrachsen s. Güster
Hältern im Setzkescher 50,
 74
Hasel 160
Häsling s. Hasel
Hechelkranzfliege 139, 140
Hecht 159
- Fang mit dem Köderfisch
 92
- Fang mit der Spinnangel
 118
Hechtbarsch s. Zander
Hecht-Schlei-See 9

Hechtwobbler 109
HEINTZ, K. 19, 101
Heintzblinker 106, 107
HI-LO-Wobbler 109
HOFLAND, T. C. 18
Hohlglasrute s. Rutenbau-
weise
Hornfisch s. Hornhecht
Hornhecht 180
Hornkraut 10
HORROCKS, J. 18
Hülsenverbindungen 24

ILLINGWORTH, H. 17
Italienerhaken 37, 38

Jagebarsch 96
Jig 106

Kabeljau s. Dorsch
Karausche 172
Karpfen 174
- Angeln auf 86
Karpfenhaken 37, 38
Kaulbarsch-Flunder-Region
s. Brackwasserregion
Keulenschnur 138
Kescher 49, 50
Kiemen 151
Kieslaicher 154
Kirbyhaken 37, 38
Knicklicht 34
Knochenfische 150
Klapprollenhalter 26
Kleingeräte 51
Klemmschrot s. Bleischrot
Köder 41, 105, 139
Köderbefestigung am Haken
42, 43
Köderfisch 92, 111, 112, 125
Köderfischangel 54
Köderfischfang 94
Köderfischkessel 92
Köderfischpose 32
Köderführung beim Spinn-
angeln 120, 122, 127,
128, 130

Ködernadel 51, 52
Knoten 21, 57, 103, 132,
Kohlefaser 23, 134
Kohlendioxidproduktion der
Wasserpflanzen 76
Kopfdrilling s. Spinnköder
Krautlaicher 154
Krautzone s. Unterwasser-
pflanzenzone
Kreisdrill s. Drill auf der Stelle
Kümmerwachstum
s. Verbuttung
Kurbelflugrolle 136

Lachsfliege 140
Laichkraut 10
Laichwanderungen 76, 91
Laichzeiten, Schema der 155
Landegerät 49
Landung 71
Lanzettsystem 111
Laube s. Ukelei
Laufblei 35, 36
Laufring 25, 26
LEAKY, S. B. 17
Lebensräume der Fischarten,
Schema der 155
Leitring 25, 26
Leuchtpose 32, 33
Leuciscus cephalus
s. Döbel
Leuciscus idus s. Aland
Leuciscus leuciscus
s. Hasel
level s. Parallelschnur
Limerickhaken 37, 39
Lippköderung 94
Litoral s. Uferregion
Lochkugel 35
Lockfutter s. Anfüttern
Lösen des Hakens 74
Lota lota s. Quappe
Lotblei s. Grundsucher
Luftwurf 148

Makrele 181
Makrelenhaken 37, 38

MANESSE, R. 18
Maränensee 7
Maulstellung, endständig
150
- oberständig 150
- rüsselmäulig 150
- unterständig 150
Mepps 108
- Aglia 108
- Fisch 108
- Longue 108
- Lusox 108
- Spoon 107
Metalldrahtvorfach 36
Monofilschnüre 29
Moorkarpfen s. Karausche
Mormyschka 47, 100
- Eisangel 101
- Montage 101
- Rute 101
Multifilschnüre 30
Mummel s. Gelbe Teichrose

Nachschnur 139
Nacktkarpfen s. Karpfen
Nährstoffgehalt 10
Nasenköderung s. Lippköde-
rung
Nassfischen 133
Nassfliege 140, 141
Nassschnur 137
Nerfling s. Aland
Niederungsforellenbach 12
Nymphe 140, 141
Nymphenfischen s. Fischen
mit der Nymphe

Oderlachs s. Rapfen
Oncorhynchus mykiss
s. Regenbogenforelle
Orfe s. Aland
Oreno-Wobbler 109

Palmer 139, 140
Parallelschnur 138
Pelagial s. Freiwasserregion
Pendelwurf 61, 62

Perca fluvialitis s. Barsch
Pfefferrohr 23
Pilken auf der Stelle
  s. Pilkerführung
Pilker 106, 125, 126, 127
Pilkerführung 126, 127
PIPER, M. 19
Platichthys flesus
  s. Flunder
Pliete s. Güster
Plötze 163
- Angeln auf 74
Plötzensee 7
Pose 31, 32
- Formen 31, 32
- Funktion 31
- Materialien 31
Preußenkarpfen s. Giebel
Profundal s. Tiefenregion

Quappe 177
- Angeln auf 88
Quellregion 11

Raap s. Rapfen
Rapala-Wobbler 109
Rapfen 166
- Fang mit der Spinnangel
  128
Rapfenblei 128, 130
Raubutt s. Flunder
Regen, saurer 16
Regenbogenforelle 157
Regionen der Fließgewässer
  11
Restlöcher 6
Ringe s. Rutenringe
Rohr 9
Rolle 27, 105, 136
Rollenbremse, Einstellung
  der 70
Rollenhalter 26, 103, 136
Rotauge s. Plötze
Rotfeder 165
Rückenköderung 94
Rückhandwurf s. Seitenwurf
Rucksack 48

Rückschwung 147
Rutenbauweise 24, 102,
  134
Rutenfutteral 48, 49
Rutengriff 26, 103, 136
Rutenlänge 23
- beringte Grundruten 24
- Flugruten 134
- Friedfischruten 23
- Spinnruten 102
Rutenmaterial 23, 102,
  134
Rutenringe 26, 103, 136
Rutenzubehör 24, 25, 103
Rutilus rutilus s. Plötze
Rutte s. Quappe

Saiblingsee 6
Salar 107
Salmo trutta fario
  s. Bachforelle
Sanddöbel s. Hasel
Sargblei 35
Sander lucioperca
  s. Zander
Scardinius erythrophthalmus
  s. Rotfeder
Schar 96
Schied s. Rapfen
Schilf 9
Schill s. Zander
Schlaufen s. Knoten
Schleie 170
- Angeln auf 83
Schmidt-System 111
Schneiderkarpfen
  s. Karausche
Schnöker s. Hecht
Schnur 29, 105, 137
Schnurfetter 51
Schnurformen 138
Schnurgewicht s. AFTMA-
  Klassen
Schnurstärke 30
Schnurstopper 3
Schnurverbindungen
  s. Knoten

Schraubrollenhalter 26, 103,
  136
Schubringe 27, 136
Schuppenkarpfen s. Karpfen
Schuppenzahl auf Seitenlinie
  155
Schwanzdrilling s. Spinn-
  köder
Schwefelwasserstoff 8, 9, 11
Schwimmblattpflanzenzone
  9, 10
Schwingspitze 101
Schwingwiesen 12
Scomber scombrus
  s. Makrele
Sedge s. Fliege mit anlie-
  genden Flügeln
See, eutropher, 10
- oligotropher 10
Seeforellensee 6
Seerohr 23
Seetyp 6
Seitenlinie 152
Seitenwurf 116
Senke 92, 94
Seztkescher 50, 74
Silberkarausche s. Giebel
Silurus glanis s. Wels
sinking line s. Nassschnur
Sinnesorgane der Fische 151
Sneckbenthaken 37, 38
Spaltschrot s. Bleischrot
Spent s. Fliege mit ausge-
  breiteten Flügeln
Spezialschnüre 138
Spider 139, 140
Spiegelkarpfen s. Karpfen
Spinnangeln, Definition 101
Spinnangeltaktik 118
Spinnangeltechnik, 102
Spinnangelgerät, leichtes
  112
- mittleres 114
- schweres 114
Spinner 107
Spinnfliege 109
Spinnköder 105

- künstliche 106
- natürliche 112
Spinnrute 102
Spitzenaktion s. Aktions-
  formen
Spitzenring 26, 104
Spitzkopfaal s. Aal
Sprengring 106
Stahlseidevorfach 36
Standortverhalten 64
Stationärrolle 28
- Wurf mit der 61
Stausee 6
Steigaal s. Aal
Stipprute s. Friedfischrute
Stopperknoten s. Schnur-
  stopper
Streamer 140, 141
Streamerfischen 134
System 111, 112

Talsperre 6
Tagesgrade 154
Teich 6
Teilzirkulation 11, 84
Teleskoprute 22, 24, 25,
  102, 136
Terrible-Spinner 108
Thymallus thymallus
  s. Äsche
Tiefenbarsch 96
Tiefenregion 10
Tiefspinnen 123
Tinca tinca s. Schleie
Tiroler Hölzl 35
Toby 107
Torpedoschnur s. Keulen-
  schnur
Torpillo 35

Töten des Fanges 74
Totmuschelzone 10
Tragkraft moderner Schnüre
  30
Treibangel 82, 88
Trockenfischen133
Trockenfliegen 139, 140
Trockenschnur137
Trockenschnur mit Sinkspitze
  138
Trollangelsystem 111
Trüsche s. Quappe
Tümpel 6

Überkopfwurf 115
Überwasserpflanzen 9
Ückel s. Ukelei
Ufer 9
Uferregion 10
Ukelei 167
Umhängetasche 48
Unfallgefahren 9, 65, 97,
  171
Unterhandwurf 58, 59
Unterwasserpflanzenzone
  10

Vederangel 18
Verbuttung 83, 169, 172,
  178
Vermehrung der Fische, un-
  geschlechtliche 173
Versorgung des Fanges 73
Vollzirkulation 11
Vorbereitung des Angel-
  platzes 66
Vorfach 35, 106, 139
Vorhandwurf s. Seitenwurf
Vorschwung 147

Waller s. Wels
WALTON, I. 17, 81
Wälzen 79
Wanderfische 154
Wasserhaushalt 9
Wasserkugel 32, 82, 83, 88
Wasserpest 10
Wasserzirkulation 11
Watkescher 50
Weichgummiköder
  s. Weichplastikköder
Weichplastikköder 48, 110,
  140, 142
weight forward, s. Keulen-
  schnur
Weiher 6
Weiße Seerose 9
Weißer Armur s. Gras-
  karpfen
Wels 175
Wickelblei s. Bleifolie
Wirbel 51, 52
Wirbelsäule 151
Wobbler 109
Wobbelsystem 111
Wurfgewicht s. AFTMA-
  Klassen
Wurftechnik 56, 114, 143

Zander 179
Zandersee 8
Z-Blinker 107
Zeilenkarpfen s. Karpfen
Zooplankton 7
Zubehör 48
Zuckmückenlarven 8
Zweihandspinnrute 104

Literatur

BASAN, U., GÖLLNER, A.: Künstliche Köder.
2. Auflage, Sportverlag, Berlin 1983
GÖLLNER, A.: Die Angelfischerei. 19. Auflage,
Verlag J. Neumann-Neudamm, Melsungen
2007
GÖLLNER, A.: Handbuch des Anglers – Fliegenfischen. Verlag Eugen Ulmer, Stuttgart
1991
GÖLLNER, A.: Handbuch des Anglers – Grundfischen. Verlag Eugen Ulmer, Stuttgart 1995
GÖLLNER, A.: Von Fischen und Anglern. Landbuch Verlag, Hannover 1993
GRABOW, K.: Farbatlas Süßwasserfauna –
Wirbellose, Verlag Eugen Ulmer, Stuttgart
2000
LADIGES, W., VOGT, D.: Die Süßwasserfische
Europas. 2. Auflage, Parey Verlag, Hamburg
und Berlin 1979
MENZEBACH, F., GÖLLNER, A.: Waidgerechte
Angelfischerei – ethische Betrachtung einer
Passion. 3. Auflage, fischüberalles.ch, Riehen
2005

Bildquellen

Göllner, Dr. Armin, Mannheim: Seiten 2,
4, 13, 14, 15, 18, 20, 34, 38, 44 (beide),
45, 46, 64, 65, 73, 75, 78, 79, 82, 85,
87 (beide), 89, 91, 93, 99, 106, 113,
117, 127, 130, 135, 142 (beide), 143
Göllner, Dr. Ramona, Mannheim: Seiten
72, 96, 102
Göllner, Markus, Schwante: Seiten 28,
29 (beide), 60, 68, 121
Sagui, Guillermo, Esquell: S. 147
Wengerofsky, Ursula, Ladenburg: Titelfoto

Zeichnungen
Die Zeichnungen fertigte Christiane
Gottschlich, Berlin, nach Entwürfen und
Vorlagen des Verfassers.

Bibliografische Information der Deutschen Nationalbibliothek
Die Deutsche Nationalbibliothek verzeichnet diese Publikation in der Deutschen Nationalbibliografie; detaillierte bibliografische Daten sind im Internet über http://dnb.d-nb.de abrufbar.

© 2001, 2010 Eugen Ulmer KG
Wollgrasweg 41, 70599 Stuttgart (Hohenheim)
E-Mail: info@ulmer.de
Internet: www.ulmer.de
Umschlagentwurf: red.sign, Anette Vogt, Stuttgart
Lektorat: Werner Baumeister
Herstellung: Silke Reuter
Reproduktion: Typomedia GmbH, Ostfildern
Druck und Bindung: Firmengruppe APPL, aprinta Druck, Wemding
Printed in Germany

ISBN 978-3-8001-6963-4